硬核突围

焱公子 水青衣◎著

中国科学技术出版社
·北京·

图书在版编目（CIP）数据

硬核突围 / 焱公子，水青衣著 . — 北京：中国科学技术出版社，2024.6
ISBN 978-7-5236-0586-8

Ⅰ . ①硬… Ⅱ . ①焱… ②水… Ⅲ . ①职业选择 Ⅳ . ① C913.2

中国国家版本馆 CIP 数据核字（2024）第 062662 号

策划编辑	赵　嵘　李　卫	责任编辑	高雪静
封面设计	仙境设计	版式设计	蚂蚁设计
责任校对	焦　宁	责任印制	李晓霖

出　　版	中国科学技术出版社
发　　行	中国科学技术出版社有限公司发行部
地　　址	北京市海淀区中关村南大街 16 号
邮　　编	100081
发行电话	010-62173865
传　　真	010-62173081
网　　址	http://www.cspbooks.com.cn

开　　本	880mm×1230mm　1/32
字　　数	153 千字
印　　张	7.75
版　　次	2024 年 6 月第 1 版
印　　次	2024 年 6 月第 1 次印刷
印　　刷	大厂回族自治县彩虹印刷有限公司
书　　号	ISBN 978-7-5236-0586-8 / C・258
定　　价	59.80 元

（凡购买本社图书，如有缺页、倒页、脱页者，本社发行部负责调换）

前　言

如何拥有不惧离开的底气？

人世浮沉，你是否做过任性又全然无法回头的决定？

我有。

2015年，我33岁，就职于华为公司。华为很好，无论薪资待遇、发展机会还是公司影响力，都是业内数一数二的存在。但彼时，我已在通信圈从业10年，每天于家、公司、客户机房之间三点一线，见同样的人、说同样的话、做同样的事，感觉自己极似一个提线木偶。

就这样了吗？沿着早就写好的、能一眼望到尽头的人生剧本，毫无新意与激情地重复往下演，直至终点？

我忍不住问自己："这就是你想要的生活吗？"

不，人生不该就这样。

我很快做出决定：离开，去找寻新的可能性。

身边朋友觉得我不可理喻。30多岁的人了，这么好的公司，如此优渥的薪资待遇，说放弃就放弃？

我也不是没有过纠结，毕竟我从毕业就进入这一行，一做就是10年，所有的经验、资历、人脉积累，都跟这个圈子密切相关。继续向前,是一条虽显乏味但却清晰可见的职场坦途;若此时重换赛道,即便看上去诱惑且有新鲜感,却也必定会伴随着未知与不确定。

谁知道前方会遇到什么?

只是,总有一个声音在我脑海中反复盘旋:人生不该是单一维度。此时不做,说不准将来老了,你会埋怨当初的自己,你为什么就不能勇敢一点?

一念及此,我向领导提出辞职。

领导不解。当时我刚带队执行完一个重点项目,他正打算提拔我。在得知我并没有找任何下家,甚至连具体要做什么都没想清楚时,他更吃惊了。反复劝说仍无果后,领导说:"公司的文化你是知道的,一旦离开,你就没法再回来了,这是一个没法回头的决定。"

我点点头,感谢他的提醒,但内心深处却滋生出一股莫名其妙的孤勇:我认定自己的"外出闯荡",并非毫无底气。

我的底气,来自我从业十年的职业素养。 我一毕业就进入爱立信公司,后跳槽华为。作为两家业界翘楚,它们系统地塑造了我的工作观与在工作中解决实际问题的能力,让我顺利且快速地完成了从"什么也不懂的职场新人"到"独当一面的成熟职场人"的蜕变。

我至今还记得自己刚进入爱立信公司时,有一回部门助理休假,打印机没墨了,直属领导老卢让暂时还没有工作安

前　言

排的我去买墨盒。我二话没说赶紧出门，附近逛了一圈，发现没有卖墨盒的商店。

为了不耽误事，我直接打车去了最近的数码城。回公司后，老卢听完我的讲述做出了肯定："执行力很强，很快拿到结果。"紧接着，他话锋一转，"但你有没有想过，这是否为最优解法？"

看我一脸茫然，老卢继续说道："买墨盒花 50 元，来回打车 40 元，总共成本 90 元。从出门到现在，你花了一个半小时。假如你在出门前能及时上网搜索，就会发现网上下单只需 35 元，而且送货速度很快，明天就能到——我刚才已经说过，材料明天下午才要，也就意味着现在并不着急打印。

"当然，如果觉得这个解法不保险，你也可以直接来问我，平时我们部门都在哪里买。这样我就会告诉你，楼下的图文复印店跟咱们有合作关系，可以先从他们那里调个货，不过是多给 10 元调货费，45 元就能拿到墨盒。这样一来，你最多只需要 10 分钟和 45 元，也能得到同样的结果。"

我越听越觉得不好意思，立即表示打车钱我自己出。老卢摆摆手，说帮我报销打车钱。然后，他说了一段让我受用至今的话："年轻人，你要记住，在职场上，人跟人的差别最终都是在一件件小事上体现的。不管是面对什么样的工作任务，那些能始终在既定的时间、预算和资源下，反复对比并快速拿出最佳方案的人，一定是成长最快的人，也一定能更快适应任何新的环境和变化。"

这是我进入职场的第一课。

从此以后,这也成为我在工作当中的行事准则——不论遇到什么样的工作任务,在制订了实施方案后,我都会多问自己几遍:这是不是当前条件下最优的解决方案?有没有更优的思路?

我也有了一个习惯——在思考之后再去行动。

这样的做法,有时的确会花费更多的精力,但也让我每次都拿到了更好的结果,从而也获得了比同龄人更多的升职加薪机会。

更重要的是,多年的工作习惯与职业素养的塑造,让我形成了坚实的底层自信:我相信太阳底下没有新鲜事,凡事都有据可循,绝大多数时候,我们并不需要比拼天赋。只要有系统的思维框架,事前做好分析与布局,大部分想做的事情就都可以做成。

但这次辞职,很明显与我多年的习惯南辕北辙了。

我没有做分析,也没有做布局,只是凭借着信心与勇气就提交了辞呈。然后在什么都没有准备的情况下,脑子一热就投入了创业浪潮。我与朋友合伙开了一家内容创业公司,带领员工在网络上写小说、写短篇故事,也在线下跟一些有内容需求的公司洽谈合作。但是,线上做了几个月,没有一分钱收益;线下业务也很尴尬,因为不管是我还是合伙人,

前　言

都是半路出家、跨界过来的，没有任何相关背景，也没有拿得出手的作品，跟大多数意向客户一接触，就止步于首次会面，再无后续。

办公室的租金三个月一交，员工的工资每月都发……在巨大的成本压力下，我们开始病急乱投医，各种看似沾边的业务统统试了个遍：品牌策划、文案推广、人物访谈、直播带货，甚至还接过一个电影剧本。

由于不明确哪个业务能赚钱，我本着"鸡蛋别放在一个篮子里""东边不亮西边亮"的思想，做了一个更错误的决定：同步开展这些业务。这一做法带来的直接后果是，员工精力更分散、项目管理更复杂，以及人力成本更多。

最终，它们全部都失败了，没有一个业务赚到钱，且因每月巨大的财务亏空，让我的第一次创业在仅半年后就草草落幕。

我沉寂了整整一个月，不断反思自己失败的原因——产品定位不明确、没有清晰的战略目标、所有人的力气没往一处使、组织管理混乱……说白了，在创立这家公司时，我并没有做好事前分析规划，也完全没有做系统布局。最重要的是，我没有很好地梳理自己的能力，却滋生了毫不匹配的野心。

痛定思痛，我决定重新出发。这一次，我首先问了自己如下问题：

·我擅长做什么？

·我的用户画像是什么？

·我擅长的技能可以为这些用户提供什么价值？

·我的产品体系要如何搭建？赢利模式是什么？

·我能从过往的经历里，迁移哪些有用的经验和技能来帮助自己更快地建立影响力，筑起护城河？

逐一梳理完这些问题后，我跟新的合伙人水青衣（本书的另一作者）决定：从微信公众号切入，撰写自媒体文章。我以一个职场博主的身份，为那些只有0~3年工作经验的职场新人提供落地可行的职场故事、干货指南，帮助他们更好地成长。

作为一个拥有十年"500强"从业经历的资深职场人，我有足够的积累与视野，能从较全面客观的角度，分析各种职场现象，并快速给出恰当的解决方案与建议。因为此类话题跟我的过往经历密切相关，所以在很大程度上也确保了我深耕公众号领域的热情与持续性。

清晰明确的定位、成熟稳定的心智思维、快捷利落的行动力，给我们带来了好运。我们在2018年9月发出的第一篇公众号文章，就获得了众多读者的转发，仅知乎一个平台，就拥有880万阅读量，登上热榜第一名。

有了阅读量和粉丝数，一切就好起来了。正如我们最初规划的那样：无数品牌方主动找来，要在我们的公众号上付

前言

费投放广告；多家出版社抛出橄榄枝，邀请我们合作出书；我们也适时推出已研发好的职场课程、写作课程，进入了线上教育赛道。

到今天，我们做到了全网拥有百万粉丝，并出版了三本书。我连续两届获得当当影响力作家的殊荣，也登上了《中国培训》的封面，拥有了数万名学员。

这些成绩并没有任何炫耀的成分。事实上，我一直觉得自己是一个各方面都很普通甚至是平庸的人。如果一定要问我成事的秘诀，无非就还是当初那句话：太阳底下没有新鲜事，凡事都有据可循。

我曾经在一个叫简书的平台上连载长篇小说，颇受欢迎，后得到官方邀请，去杭州做了一次分享。我当时的分享主题是"用项目经理思维完成一部20万字的长篇小说"。

在分享中，我以项目经理的视角出发，细细拆解小说写作的各个环节：如何把一部长篇小说匹配到项目维度，从而做出需求分析、关键节点设计和目标跟进管理等，最终按计划如期完稿。

这套项目管理思维，我同样运用在写书上。2020年我出版了第一本书——《能力突围》，从撰写到交稿，仅用时2个月。而在2022年，我的第二本书《引爆IP红利》、第三本书《逆势爆发》，就进步到了仅用1个月就能写完并提交。效率的提升，来源于严格的项目管理操作，以及每次项目完成后认真专业的项目复盘。

作为一个纯正的理工男,这些是我非常真实的创作经验,也是我现在创业和做其他任何事的核心思路:尽可能向过去的自己"借势",迁移过往的所学,套用到新的场景和事物中。

从这个维度出发,你会发现"写工作汇报跟写公众号""做项目跟写小说""给客户讲解方案跟研发课程",并没有什么本质的区别。但前提是,你得先具备一定的阅历与经验。

职场历练是最好的增加经验的途径。任何时候,尽可能地做好人生规划与职场布局,想清楚再行动,结果可能会更符合你的愿景。正如前文所述,我曾为自己的任性裸辞付出过沉重的代价。如果能重来,我一定不会再如此冒进。

所以,每当有年轻读者来咨询"要不要离职"时,我的答案都是:不妨再打磨打磨自己。

越是艰难处,越是磨砺时。向上成长,向下扎根,吸收足够的养分,让自己不惧离开,不负相遇。

这也是我想把本书命名为《硬核突围》的原因。

借此书,我想和所有的职场伙伴说:并非只有出走和离开才叫"突围"。相比离职,持续精进、不怕离职才是更重要的事。让自己变得更好,会拥有更多的人生选择权。即便身处原地,只要积极工作、精进成长,始终在为变化做准

前言

备，便也是在"突围"。

正如我大学毕业刚加入爱立信公司时，北方区人力总监瑞维斯（River）先生在员工大会上说的那样："爱立信从来不怕员工离职。恰恰相反，我们一直在培养员工想走就能走的能力。一个能时时刻刻感受到自己正在成长的人，无论去留，他都不怕。越是这样，他们反而会更愿意留下来。"

这段话，与所有读者朋友共勉。

在本书中，我跟合伙人水青衣把我们这么多年来跨界突围的过程，分别从心智、逻辑、行动、表达四大模块做了拆解与细述。完整地呈现了我们的所思所想、成事心得。相信看完后，你也能和我们一样，能更好地梳理出自己的核心竞争力和护城河。

最后，如果本书对你有用，我想请你把它推荐给你最重要的人。也特别欢迎你添加我的企业微信（Ygongzi2016），来信告诉我们你的阅读心得。

在未来，我们愿意陪伴每一位职场伙伴，无论面对怎样的新场景，一起进退有度，从容不迫地完成"硬核突围"。

你的朋友　焱公子

2024年3月

CONTENTS 目 录

1 硬核心智：
逆境商数，决定成败

001 CHAPTER1

1.1 临危受命，可能是刷新心智最好的方式　003
1.2 我工作 10 年，5 个上司，全是骗子！　011
1.3 你如何过冬，就如何过一生　019
1.4 称心如意的背后，多的是你不知道的事　025
1.5 七成 90 后不服管？八成 00 后敢先下班？　031
1.6 凌晨 2 点喝到胃出血，我为什么还是丢掉了订单？　038
1.7 越职业化的人，越懂得尊重　045

2 硬核逻辑：
向下扎根摆脱内耗，专注深耕持续成长

053 CHAPTER2

2.1 外企 8 年，我学到的人性化，是举手离开　055
2.2 你早该洞察的本质：你的口碑，比钱更重要　063
2.3 成熟的人，工作从不靠喜好驱动　069
2.4 刷存在感的本质，是主动抛弃"职场透明人"身份　077
2.5 黑暗人格的同事都该开除，没有例外　084

2.6 "加了一夜班,我弄丢了 77 万元" 092

2.7 聪明的职场人,都不会把"当上管理者"视为唯一的职业目标 098

2.8 成年人的社交真相:你在别人心中什么位置,要看他给你备注什么标签 103

3 硬核行动:
知易行难,才更要"行而不辍"

111 CHAPTER3

3.1 真正厉害的填坑力是什么样的?不服就干,转危为安 113

3.2 "公司开了半年,员工走了一半" 119

3.3 人在迷茫时,该干两件事 126

3.4 执行力强的人,都在掌控自己的节奏 132

3.5 持续进化,是职场人最大的担当 140

3.6 干成事,是检验权威的最好标准 147

3.7 为什么反复寻找"最优解"的人,往往能活得更好? 154

3.8 那个拒绝干活的同事,做了我的上司 160

4 硬核表达:
所谓职场高情商,就是一张口便见分晓

169 CHAPTER4

4.1 真正厉害的人,都不会在这一点上犯忌 171

4.2 那个说话嗲嗲的女生，做了我上司 177

4.3 那个把老板当下属使唤的同事，获得了 10 万元的奖金 184

4.4 "柠檬精，你就是嫉妒邀功精" 190

4.5 她用几句话，换来一套两居室 196

4.6 总是说要一夜暴富的人，大概率会万劫不复 202

4.7 "微信群还这样聊天？你不会有前途了" 208

4.8 "我想加薪"，可能是职场中最无用的一句话 215

后记 成熟的人，不做从 0 开始的事 223

1

硬核心智：
逆境商数，决定成败

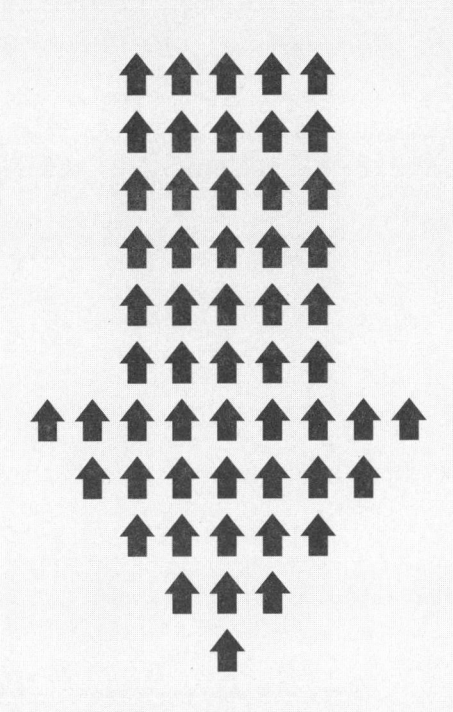

第一章
硬核心智：逆境商数，决定成败

◆ 1.1 临危受命，可能是刷新心智最好的方式

朋友聚会，一向守时的老莫迟到了。他一边道歉，一边说起自己最近负责公司的自媒体运营工作。我们觉得奇怪，一个传统行业的销售，怎么会玩起自媒体？

老莫笑着说："没办法啊。东西越来越不好卖，老板打起线上销售的主意，找了好几个干将聊，想重赏勇夫，但大家都往后缩。"

老莫琢磨了挺久，最后点了头。

玩了三个月，也算基本上道了，粉丝涨了两三万。虽然不多，可都是精准粉，确实大幅带动了销售。现在公司正式组建了新媒体部，老莫担任总监，工资也涨了两千五，就是天天琢磨选题、内容什么的，头疼……

其他人开始嘘声，说老莫嘚瑟，但我却感受到他轻描淡写背后的不易。我更佩服的是，他作为一个毫无基础的门外汉，在公司陷入困境时，勇于临危受命。现在我们可喜地看到，他完成了一次快速成长和自我蜕变。

科比·布莱恩特（Kobe Bryant）说，要抓住一切机会，

向所有人证明你自己，证明你能够迎接挑战。

挑战不一定是我们主动寻来的，挑战会因时机或环境，不请自来。

在紧急情况下，我们可能来不及思索，来不及部署，甚至来不及拒绝，往往听完上级的一声招呼，就"被迫"接手某项工作。

临危受命，也许就是锻炼自己、提升能力的最好方式，是一种真正高级别的挑战。

1. 敢于临危受命，能让自己刷新扛事能力

我的师哥朱平是公司元老，多年来在 M 城经营，业绩始终排在公司前列，客户关系也维系得很好。公司想将他调到 Z 城，因为 Z 城对公司来说具有极大的战略意义。只有积极开拓，公司才会有进一步壮大的可能。

朱哥想了两天，做出决定："敢于在公司需要时挺身而出的人，才是真正能扛事、值得信赖的人。Z 城内外部基础都那么差，失败是正常的，但万一成功了呢？"

朱哥到任后发现情况确实很糟糕，人员基本属于混吃等死的状态。他当机立断，直接开除了两个表现最恶劣的员工。同时，制定了一个超高销售目标，并宣称，若完不成，自己放弃所有奖金，其他人也没有一分钱奖金；但若完成，

所有人的奖金翻倍。不少员工直接选择辞职，而留下的员工，其积极性却被激发了出来。

朱哥带着余下的人员一家家拜访客户，屡败屡战，最终在年关将近之时，谈下两个优质大客户，实现翻盘。

当年全公司业绩排名，Z城业绩进了前三。

朱哥后来说，最后的翻盘是侥幸。他其实已经认定任务完不成了，但失败本就是预期结果，只能破釜沉舟拼力一试，这才有了虽然渺茫但却最终降临的幸运。

悲观者抱怨现状，乐观者保持希望。

选择临危受命，就是选择在荒漠中寻找绿洲，缓慢而勇敢地向前行，虽无路可退，但不言苦累。

2. 敢于临危受命，能刷新平时做事的拼劲

2015年，在湖南卫视《我是歌手》节目中，歌手孙楠突然宣布退赛，主持人汪涵挺身控场。

他第一句话便问孙楠："楠哥，我特别想问一下，刚才您说的每一句话都是内心所思所想，都是您自己拿定主意之后的肺腑之言吗？"这是要孙楠再次确认，同时借机向观众澄清，是孙楠自己做出决定，与节目组无关。

接着汪涵说："既然我是这个舞台的主持人，那接下来由我来掌控一下。"话语一出，既稳住了现场军心，也为后

硬核突围

台争取到了宝贵的应对时间。

事后，汪涵这一段救场，被称为教科书级别的主持词。

主持人朱丹说："说真的，直播主持人迷恋的就是这份突发、这份心跳，害怕的也是如此这般的大事。"

临危受命的汪涵，做到了从容镇定、顾全大局，这靠的不单是一时的主持机智，而是平日磨砺出的沉稳底气。

2018年7月，四川绵阳的连续强降雨造成宝成铁路涪江大桥下水位猛涨。作为宝成线上中流砥柱，涪江大桥面临着随时被冲毁的危险。紧要关头，中国铁路成都局集团公司决定用"重车压梁"的方式保住大桥。26岁的张强、28岁的陈龙临危受命，和其他同事一道，靠勇气和智慧完成了护桥的壮举。

遇到事儿谁都能扛，一两次突出的表现不能完全代表平时的表现。但如果没有平时的努力，又怎么能在关键时刻挺身而出、不掉链子？

有责任心、工作严谨、业务过硬、遇事不乱，是敢于担当的临危受命者能够成功的重要原因。

3. 敢于临危受命，能刷新"转危机为良机"的思维

前华为副总裁李玉琢初进公司时，在华为旗下的莫贝克公司当总裁。那时莫贝克公司的效益很不好，任正非给其定

下的目标是："三年内，莫贝克要成为通信电源行业的中国第一。"

几天后，任总又说，莫贝克要做成亚洲第一。

没多久，他再次找李玉琢谈话。"莫贝克只开50人的工资，其他90人包括你在内，都在华为拿工资，这不合适。你们所有人都应该由莫贝克开工资。"李玉琢沉默片刻，豪气地回应："好，以后我们自己开工资。"当年，莫贝克创造了5000万元的利润，超额完成任务。

真正的临危受命，是在一个已将你定型的世界里，伸出手，推翻壁垒，扛下种种艰难和困境。

1997年，金融风暴席卷亚洲，尹钟龙临危受命出任三星电子的首席执行官。他后来回忆，企业最困难的那两年，随时可能宣告破产。总有人对他说："早知今日，当初何必努力！"

他每天听着类似的哀怨，却带头更加努力地工作。他说，谁知道机会是不是在下个转折处？之后他对三星电子进行了全面改革，使企业成功走出困境，并成为全球名列前茅的知名品牌。

松下幸之助说："危机和良机本质上是一样的，只要你改变观念，重新评估，趁机下手，危机就会变成良机。"

勇于临危受命，就是勇于暗夜行船。纵使四面黑暗，也该心存光亮，寻准机会沉稳前进。

4. 临危受命，可能是刷新心智内核最好的方式

《工作就是解决问题》一书中指出："问题等于零，机会就等于零。工作中的问题就是你的机会。"

每个人都可以选择主动解决问题，把问题变成机会。

临危受命，就是不惧问题，积极解决，把握机会。

2018年4月，距世界杯不到2个月时，日本足协突然宣布要炒掉原教练并任命西野朗为新任主帅。西野朗上任后，发现自己面临着一系列问题。首先，是日本人的失望。4年前的巴西世界杯，日本队曾被寄予厚望，但最终铩羽而归。这次临阵换帅，热身赛又表现欠佳，舆论普遍悲观。其次，这支国家队的平均年龄超过28岁，堪称史上最老的队伍。最后，队伍内部矛盾重重，前主教练就是因为与队员产生了激烈冲突而被辞退的，两大主力队员又互相看不顺眼。

西野朗独自默默消化，接受挑战。他只用了2个月，便让球队在赛场上爆出令人炫目的表现，直至进入八分之一决赛。最后虽以2∶3惜败比利时队，但对方主帅第一时间指出："他们踢出了一场完美的比赛。这是一支值得尊敬的球队。"

临危受命，结果已不重要，力挽狂澜、解决了一系列问题的西野朗，赢得了对手和世界的尊重。

像西野朗一样，若我们也走在面临问题、需要解决的路

途中，不妨试试这三种思路：

第一，功课做足，做好筹备。

比如像老莫那样，你想做新媒体运营，就得先了解什么是新媒体运营、受众定位是哪类群体、什么样的标题点击率高、什么样的内容更易引发读者转发等。

在此基础之上，你才能更细化地搭建框架，填充血肉，做到有的放矢。

第二，开拓思维，善于借力。

所谓创新，大多是基于现有范例加入自己的特色，即巧妙做加法。信息时代，善于收集前人经验为己所用，最终总结出适合自己的最优方案，比单靠自己的脑袋想要高效、经济得多。

第三，刻意练习，修正迭代。

形成习惯要 21 天，做到专家要 1 万小时，这都是在说"熟能生巧"。刻意地反复练习，脚踏实地前行，不断修正不足，迭代优点，才有可能真正实现从量变到质变。

5. 临危受命，是一种态度，也是一种选择

《论语》说：临危受命，力挽狂澜于既倒。

对于现代职场人来说，临危受命与其说是一种魄力或勇气，不如说是一种态度和选择。

公司的问题,是你晋升的机会;客户的问题,是你销售的机会;自己的问题,是你成长的机会。

抓住机会,自动出击。

尽管未必会成功,但对于能扛事、敢突破舒适区、想要更有一番作为的人而言,临危受命可能是刷新自己最好的方式。

1.2 我工作 10 年，5 个上司，全是骗子！

前几天参加聚会，朋友们聊到上司，一片吐槽声。"抠门、变态、不近人情、擅长甩锅"，这是我总结出的 4 个高频词汇。见我一直没参与讨论，旁边的小 A 调侃："毕竟你现在是创业公司的老板了，看我们吐槽老板，是不是觉着特别刺耳？"

我笑笑没说话。这并非立场问题，或许是聚焦点不同。

创业前，我曾有 10 年的工作经历，遇到过 5 任上司。他们性格不同，作风各异，却与如上词汇均无太大关联。若勉强要找一个共同点，我脑中蹦出的第一个词，竟是"骗子"。

是的，这 5 个人，都是骗子，无一例外。

但，我从未后悔曾与他们共事过。

1. "这次游玩回来，我们要进行下一轮攻坚战了。"

老卢是我的第一任上司，他是一个典型的工作狂，要求严苛，不苟言笑，我们平日都有些怕他。

2008年夏天，他组织全部门员工去桂林团建："好好放松一下，这次游玩回来，我们要进行下一轮攻坚战了。"我们乘游船沿漓江而下，饱览桂林山水，之后到达古城阳朔。按照老卢的要求，大家全程不谈工作，否则将被罚酒。但事实是，就算没人被罚，所有人都主动喝多了。

阳朔的酒吧街上，伴着老卢数次"预算超了"的浮夸哀叹声，我们一直喝到凌晨3点，才意犹未尽地回到酒店。忘了哪个员工出的主意，我们拉上部门秘书，在酒店拨通了老卢房间电话，拿腔捏调用英文调侃他："先生，您需要国际化的按摩吗？美式、泰式、印式都有的哦！"

这是我从未想过的放肆，也是我职业生涯中参加过的最令人印象深刻的一次团建。那晚，阳朔的夜空繁星点点，干净、透彻、清亮，恰如我一度想象的美好未来。

原来职场，也并没有那么复杂、阴暗。

然而，老卢骗了所有人。他明明说，尽兴玩是为了下一次攻坚战。但回公司的第一天，他郑重宣布了自己离职的消息。我这才明白，原来他是想以这样一种方式，和大家告别。

老卢啊，你这个骗子。

但，也谢谢你教会我——共事一场是缘分，彼此之间，值得一次好好的告别。

2."工作无非为了生活,别给自己那么大压力。"

春明是我的第二任上司,与老卢不同,他是个如邻家哥哥一般亲切的人。我从没见他发过脾气,当我们在各地被客户折磨得死去活来时,他一次次奔赴现场支持,与客户斡旋,打通内部隔阂,确保客户满意度及项目执行。

每次到来,他都是热情满满,令人如沐春风。

印象中,春明总是慢悠悠的,经常挂在嘴边的一句话是:"工作无非为了生活,别给自己那么大压力。"他始终对整个部门践行这句话。但凡有人请假,就算要他自己扛甚至不惜得罪客户,他也从不拒绝,肯定优先顾及下属利益,让我们离岗先处理好自己的私事。

没有人能料到,就是这样一个人,在2009年的五一假期,竟从公司顶楼天台跃下,未留任何只字片语。至今,我仍清楚记得第一眼看到公司群发的通知邮件时,内心的惊愕与茫然,还有久久的不肯置信。因工作压力而轻生的事情并不鲜见,可怎么能发生在春明身上?怎么能?!

他本是我们所有人心中,最为温暖又阳光的存在;他明明一再和我们说,工作无非为了生活,别给自己那么大压力……

所谓take it easy(放轻松),原来只是对别人说的吗?你自己为何扛下了所有不能承受的压力,最终还钻了牛角尖?

若干年后，当我自己也开始管理团队，及至现在创业做了老板，才渐渐明白：孤独本是管理者必然的宿命，那些压力与隐忧，确实永远没办法跟下属坦诚分享。

骗下属，是管理艺术；但骗自己，是挽回信心，继续直面生活的艰辛与暴击啊！

春明，你这个骗子。

我多希望你能继续骗我们，骗你自己。可你……却不肯了。

唯愿，你在天堂，安好。

3. "我没有可用的人了，你们自己看着办！"

老那是我的第三任上司，当时公司内部盛传，他的祖上是叶赫那拉氏。

一位老同事说，老那生不逢时。若早生 200 年，哪用上什么班，一定是在皇城根下，每天提个鸟笼遛鸟的主儿。我不知他是否当真家中有矿，但老那一直极注重生活品质，这也让他在管理上更注重公平和员工体验。

作为服务执行部门，我们的业务范围遍及全国各地，当时部门内部对各地项目有个排序：基于合同金额、执行难度、客户关系等，划分为容易、普通、困难、炼狱（极度艰难）4 个等级。

老那安排任务时，严格遵循轮转原则，上一个项目的难度等级如果是"炼狱"，那么下一个一定是"容易"或"普通"，以便让大家有喘息空间。有一次，我和同事执行完一个"炼狱"项目，身心俱疲，但临时又有紧急项目，需要人支援，而那个项目的客户，是出了名的刁钻、苛刻。

当地办事处打电话要人时，我和那名同事本已内心哀号默默做好准备，老那却立即回绝对方："我没有可用的人了，你们自己看着办，要么从其他区调吧！"

语气干脆果决，没有丝毫转圜余地。我和同事面面相觑，完全难以相信像老那这样的人，说起瞎话也能张口就来。

老那，你这个骗子。

但，也谢谢你这样说，你教会我——"护犊子"虽然并非职业化的表现，却是上下级关系最好的黏合剂。在冰冷的职场法则面前，我们终究需要关怀和温度。

4. "正好，我可以不给你 Star employee（明星员工）了！"

2012年，我从爱立信离职，当时的上司老李非要张罗全部门给我办一场送别宴。

老李是典型的北方大汉，身高体壮，性情豪放。他在席上和我连喝三杯，接着送我一个皮尔卡丹的商务挎包。我连忙致谢，老李满面红光，哈哈大笑："这买卖很合适啊！正好，我可以不给你 Star employee（明星员工）了！"

公司每年都会进行 Star employee 的评选，表彰在工作中表现突出的员工。获得表彰者，除了荣誉，其涨薪幅度和年终奖多寡也会受到影响。

当年我带队执行的项目，过程艰辛，但最终结果非常好，客户专门写了感谢信，我确实很有希望角逐明星员工。但人走茶凉的道理，我怎会不懂？离职了，拿不到，太正常。

几个月后，我的银行卡进账了一笔钱。我仔细看备注，竟是前公司的年终奖。按照先前的年薪核算，这个比例是我有史以来最高的一次。我看着银行短信里的数字，有点没回过神。老李当时豪爽而略得意的笑声仍在耳旁回荡，我还记得他明明说，正好，我可以不给你 Star employee 了！

老李，你这个骗子。

但，也谢谢你教会我——人走茶凉是常态，不因离去抹杀过往成绩，是选择。

5."从此后，你我并肩作战。你扫清前路，我提供粮草。"

老何是我的最后一任上司，也是我所有的上司里，最不像上司的一个。

我们曾是竞争对手，在共同的客户面前，一度"打"得很凶，竞争互有胜负。听到我从原公司离职的风声，他迅速接洽，让我过去帮他。

"从此后，你我并肩作战。你扫清前路，我提供粮草。"

我被他这句话打动，同意前往。老何履行了诺言，我们配合得极好。但凡我决定的事，他绝无二话，一定竭尽全力帮我争取资源和话语权；我如果说不，他也一定相信并支持我的判断。

说老何不像上司，是因为他有时候过于"幼稚"。他会将目光更多地放在下属身上，不怎么理会上级，尤其是面对提出无理需求的上级，他从来都是死扛到底。被领导们暗地里说，不懂审时度势，也正因如此，他的"仕途"并不顺畅。

就在我进公司没几个月的某天，他告诉我，他要调走了，任期快到了。我愕然，把他单独拉进小会议室，几乎用质问的语气问他："为什么早不说？"

老何笑："早说，你还来吗？"

我下意识回应："笑话，我哪儿有那么不专业？"

老何，你这个骗子。

放到今天我想说，老何，其实我也骗了你。你若早说，我可能还真不来。当然，我也很庆幸，最终我还是来了，才交了你这个朋友。

你虽然是个骗子，但也谢谢你教会我——职场上，尽管棱角分明、意气用事很幼稚，但也正是这种人，才值得深交。

6. 谢谢我的生命里，有过你们

或许有人会觉得，我比较幸运，10年来连续遇到的都是不错的上司。事实上，他们都有着各自的缺点，在管理上，也并非做得尽善尽美。

世上从没有完人，自然也没有100%完美的管理。

有时候，我们如果愿意主动往前迈一步，换个角度看，没准会发现，那个你一直讨厌着的上司，或许并没有那么糟糕。

我的5任上司无一例外都"骗"过我，但今时今日我的工作观乃至价值观的形成，毫无疑问，都源于他们的塑造与熏陶。

仅就这一点而言，我就愿意原谅他们曾经所有的欺骗、苛刻与责难，并由衷说一句，谢谢。

谢谢我的生命里，有过你们。

1.3 你如何过冬，就如何过一生

有一句流行的话：风来了，猪都能飞起来。然而现实却是，猪常有，而风不常来。之前，滴滴出行亏损109亿元，首席执行官程维宣布将裁员15%，涉及2000名员工。程维在内部邮件中声称，滴滴出行创建6年，烧钱超过400亿元，从未实现过赢利。这家战胜了所有对手的超级独角兽公司，其做法让人唏嘘。

相比它的不赢利，我更关心为此买单的2000名员工，后续将何去何从。

时代发展太快，所谓铁饭碗，早已从父辈们的"在一个地方，吃一辈子饭"，变成了"在哪里，都能有饭吃"。<u>随时能坦然度过冬天的人，一定是到哪里都有饭吃的人。</u>

1. 没空迷茫，有空时要看清自己并多赚钱

一月中旬，公司宣布裁员计划，黄莉在清退名单之中。

毕业6年的她，曾经任职于两家互联网的明星企业。这两家公司的结局出奇一致，由盛转衰，勉力支撑。

回老家过年时，黄莉没说已被裁员的事。当父母像往常一样，在亲戚面前炫耀女儿在大城市做高级白领时，她只是不失礼貌又略带尴尬地笑笑。黄莉深信自己的能力没有问题，事实上，上司也是这样说的。

那天，上司请她到小会议室，一对一沟通："你的工作一直做得很好，但大势就是这样，公司会给予一定补偿。祝愿你早日找到理想的工作。"她还记得，从上一家公司跳槽进来时，也是在这间小会议室，上司告诉自己，待遇翻一倍。

这一切转瞬即逝。

现在公司裁减30%的人员，自己部门留任的一个是主管，另一个是助理。前者负责战略性工作，后者负责辅助性工作。他们一个比她有高度，另一个比她省钱。

对于自己被裁，黄莉完全接受，这是意料之中的事。

"我的工作没问题，大势如此。我能写会画，具备良好的职场软技能，我认为这就是我的核心竞争力。

"哪里有时间迷茫。我年后就去找工作，继续加油干，有空多赚钱。"

1994年出生的黄莉，有着年轻人的乐观与闯劲。<u>她的铁饭碗，是自己在职场中历练出的技能。</u>

前几天，她告诉我找到工作了，一个美编岗位，薪酬不错。随着话语传过来的，还有一张她坐在新工位上、笑得露出 8 颗牙的照片。

2. 知道为什么而活，就能忍受任何一种生活

决定跨界创业的那天，老郭就预设过未来生活中的艰难。但他从没想过，实际情况比自己预想的还要糟。其实，老郭之前身处的行业仍算景气，他就是觉得："没劲，趁着还不算老，我想闯闯新世界。"

工作 8 年攒下的 70 万元、一个志同道合的朋友、三五个员工，老郭就这样斗志昂扬地开启了内容创业之路。开抖音账户、写公众号、做短视频、直播……忙活大半年，粉丝没增长，创作陷入瓶颈，员工来回换过好几茬。房租、工资、硬件设施、拍摄投入、交际应酬，每一项支出都触目惊心，最终 70 万元所剩无几。

在原先的圈子里，他年薪百万，尽管经常加班，但下班后的时间还是自己的。创业后，月月赔钱。若有一个晚上突然无事可做，他就分不清自己是下班了还是失业了。

老郭跟合伙人调侃，这辈子都没这么穷过。合伙人头也不抬地回应："话别说太早，还会更穷的。"

两个月后，为拼一个项目，老郭卖了车，又抵押房子贷了 100 万，这下真是穷成了负数。

> 硬核突围

合伙人一语成谶。

我问他:"又苦又累,又赚不到钱,你图什么?"

老郭哈哈大笑:"跟以前明日复明日地混日子比,我感觉现在的样子,是踏实地活着……还有点儿酷!"

过完年,我去他公司串门,喝着他沏的茶问:"新的一年,继续坚持?"老郭眉毛一挑:"当然,我觉得今年我会成功的,你信吗?"

尼采说,一个人知道自己为什么而活,就可以忍受任何一种生活。

在老郭这儿,我真真切切地感受到,他在身体力行地践行着这句话,信心比黄金贵,这就是他的铁饭碗。

我点点头说:"我信。加油,兄弟!"

3. 若肯死磕,最坏的结果无非是大器晚成

黄渤在主演完春节档电影《疯狂外星人》后成为中国首位票房破百亿的演员。颜值不在线、年龄40+,在一众流量小生、小花间,黄渤生生凭借着自己的硬核实力,走到了人生巅峰。

但事实上,成名前的十几年间,他一直身处谷底。想以歌手身份出道,却因长相被唱片公司秒拒;在歌厅演唱,当伴舞老师,收入微薄仅够养活自己;回老家开工厂做生意,

第一章
硬核心智：逆境商数，决定成败

又遭遇金融危机，一夜之间，血本无归。几经波折，在26岁的"高龄"，黄渤才考上北京电影学院配音系。

在遍地帅哥美女的演艺圈，黄勃深知，想要出人头地，唯有死磕演技。拍摄影片《疯狂的石头》时，他为了拍好偷面包那场戏，绕着高架桥跑了一整天，跑到脱水；拍摄《斗牛》时，他跑坏30多双鞋，有一场戏连导演管虎都表示"可以了，可以了"。黄渤却较劲，一再要求重拍，总共拍了130多遍，直到自己满意才喊停。

比尔·盖茨曾说，Life is unfair, get used to it（命运从来不公，要学会适应它）。

在我看来，这句话对，但也不对。

命运的确常常不公，它有时甚至直接塞你一手烂牌，比如低谷期的黄渤。但对每一个不服输、想较劲的人，命运也从不会亏待。

凭借《疯狂的石头》，黄渤迅速崭露头角；凭借《斗牛》，他拿下金马奖影帝，从此片约不断。好看的皮囊千篇一律，黄渤却是"丑帅"的万中无一。生活对他多番考验，最终成就了第一位百亿票房影帝。黄渤的铁饭碗，是拼了命地奔跑。

你若肯死磕，最坏的结果无非是大器晚成。

4. 你如何过冬，就如何过一生

巴顿将军说过，衡量一个人成功的标志，不是看他登到顶峰的高度，而是看他跌到谷底的反弹力。

正如热映影片《流浪地球》的设定：地球飞离了太阳系，地表就是零下80摄氏度的严冬。想要去往4.2光年外的新家园，一定有太多不可预知的苦难与凶险。太多人自暴自弃、及时行乐，甚至策划阴谋论。但更多的人，意志坚定，众志成城，永不放弃。

无论现实多令人绝望，心底总要留有一道光。因为你要坚信，只有勇敢越过寒冬的人，才会拥有一个完满无憾的人生。

你如何过冬，就如何过一生。

1.4 称心如意的背后，多的是你不知道的事

前段时间收到社群好友小芸发来的连环轰炸信息，不用看也知道，这姑娘又辞职了。毕业不到一年，小芸换了 5 次工作。同一家公司，她能待 3 个月就算是奇迹。而她的离职理由，看起来都无可辩驳。

第一家，上市公司，待遇极好。但周末出差，令休息时间被剥夺。

第二家，家族企业，裙带关系复杂，深感前程无望。

第三家，季度末冲刺碰上亲戚结婚，请假未获批，这是什么鬼制度。

第四家，终于找到一家人美心善的公司，氛围那叫一个好，但不久团队遭遇大换血，感觉自己被孤立。

第五家，创业公司，工作职责划分不清，一人兼多职，太不正规了。

稍不顺心就甩手不干，小芸陷入了寻寻觅觅、"遇坑就弃"的死循环。她每一次看似潇洒的离职，实质上是与现实共舞后的落荒而逃。谁都想要称心如意的工作，但又有谁的

> 硬核突围

工作是完全称心、顺风顺水的？

好的人生，往往有一个大窟窿。

1. 你想要的称心如意，往往不够完美

之前，有一则"男子相亲36年未果"的新闻上了热搜。

新闻中的京城第一红娘称，这名男子是她牵线最久的客户。他从29岁开始相亲，36年后，已熬成65岁的老大爷，对象仍旧没找到。究其原因不过是——标准太高！要求女方有颜有才，出得了厅堂，写得了诗，还要比自己小……

无独有偶，该婚介所的另一名男子也是这种情况，高标准、高要求。从25岁开始寻找，先后见了150多个姑娘。幸运的是，哥们儿最后还算务实，在33岁这年接地气了一次，遇上一个看对眼的姑娘，从此标准是路人。

每个人心里都有自己的"理想伴侣"标准，但别颠倒了重要次序，这4个字里，"伴侣"才是关键，"理想"是可以打些折扣的。

毕竟现实和想象之间，天然存在鸿沟。即便不够理想，也并不妨碍终成眷属。

堂哥昨天出差回来，同我讲起他高中的哥们儿大朋。大朋是海归，任职于上海某名企，有车有房，妻子是大学讲师，堪称人生赢家。堂哥途经上海，两人相约叙旧。堂哥早

早等候，谁知大朋爽约。第二天，打来解释电话："真对不住，刚跟你约好，就接到紧急应酬，被老总拉去见客户，实在没办法抽身。"

大朋告诉堂哥，这在他的生活里是常事。有时为了陪客户，喝到胃出血也得挺住，不然拿什么还房贷、车贷，拿什么去周游世界扩充自己？

原来，聚光灯下光鲜亮丽，灭了灯都是负重前行。

那些向往的生活，真正揭开面纱后，会发现它并不全是你想象的样子。就像即将前往的风景名胜，见了实景，与脑海中想象的一对比，活脱脱一个翻了车的"买家秀"现场。

2. 你以为的不如意，不过是一叶障目

朋友小段跟我讲起在前公司的事，令我感慨颇深。

当时她除了市场工作，还兼职做分公司内宣，写写新闻、做些活动方案。某次团建，有些醉意的领导拿起话筒，突然夸她："这姑娘勤奋踏实，吃得了苦，不过就是宣传做得很死板，写的东西谁爱看呀！"整个包间瞬间安静，在座的几十号人全听见了，小段满心委屈，起身冲出包厢。

"我当时觉得那领导真差劲，自己兼职宣传，明明就是免费劳动力，竟也被质疑。"

现在情绪没了，理性回想，领导的无礼其实也挺有道

理。难道免费帮助，就意味着可以不对结果负责吗？

"公司关注结果，而我却在过程中自我陶醉。"

小段说，现在换个角度看，在职场中适时地接受批评，其实是转机。"风波过后，我开始理性消化建议，重新思考宣传受众、文章风格和表现形式。最后发现自己取得的进步，跟那句批评相比，赚了。"

职场就是利益交换关系，正常的领导哪儿有时间针对你？如果你的眼里总是只看得见针对，那很可能会看不见机遇。

知乎上有一个话题：如何看待"不接受996就是吃不了苦"的论调？

评论区有一条留言怒气冲冲："对这种穷凶极恶的加班模式，本人表示愤慨，我凭什么给一个外人（老板）干活？"

中国新闻网曾做过一项调查，在中关村、金宝街一带的写字楼里，挤满了加班的码农、程序员，35岁的李畔研究生毕业后也加入了这支大军，常常一加班就到夜里11点。这样的节奏搁谁都得身心疲惫。

"整个行业都是一样的状态，你没有什么可以选择的余地，要么坚持，要么放弃。"李畔选择了坚持。作为理科生，李畔没去计算加了多少班，当下只能拼尽全力。

所以，凭什么给一个外人（老板）干活呢？大概是因为：职场中除了雇佣关系，也是个人成长的磨炼场。

除了薪资，成熟的职场人更注重寻求个人增值。

我们提倡高效率工作，频繁加班或无效加班肯定是不对的，但这只是实操层面的事，真正形成区别的是心态与眼界。"凭什么给一个外人（老板）干活"这句话本身，就是心态的堵塞与情绪的宣泄。

如果只盯着是给老板干活，那么就失去了职场增值的成长意义。不如像李畔那样给自己以清醒、平静的心境。

工作即修行，要么坚持，要么放弃，无论怎么选都是基于自身成长的"事上磨"，而不是为了外人、老板或是别的谁。

心态不同，眼界不一，看到的就是另一番世界。

3. 生活不够完美，战胜缺憾很美

我有一个高中同学，毕业时只考取了本地的大专院校。她后来参加专升本，两年本科结束，继续考研。三战考场，坎坷通关。现在取得了教育硕士学位，就职于一所公立小学。

从专科算起，她的转型之路足足走了十年。且不说十年是多漫长的坚持，单单专升本、本升硕这两段经历就不轻松。单调枯燥的教育理论，数不清的熬夜、加班、试教、实习，更要命的是一次次涌上心头的鲜活的挫败感。

理想的生活之所以令人向往，就是因为与现实有差距，而这个差距需要自己砌砖造梯、踮起脚尖才能触摸到。

硬核突围

舞者伊拉丽 8 年前因意外而瘫痪，靠轮椅生活的她越过了肢体残缺障碍，加入残疾人舞团，圆了舞台梦。生命的美不在于华丽，打动我们的，往往是那些咬碎牙齿的无声努力。

对伊拉丽来说，从她决定尝试的那一刻起，就已经站在了自己人生的舞台中央。

世界有缺陷，可能性才大。缺陷让我们离想要的自己差了一段距离，然而，这正是生活有意思的地方。

有落差，才想更接近完美一些，才有铆足劲也要够到的决心。

苦求十全十美，就已经算不上美。

真正的称心如意，会随着视野开阔、阅历饱满而变得理性和务实，既不"丧"也不理想化。真正称心如意的，恰恰是那些敢于直视不完美、正视失败的人。

这个世界没有永远的常胜将军，只有自强不息的英雄。

生活不完美，但战胜缺憾，很美。

1.5 七成90后不服管？八成00后敢先下班？

公司墙上的挂钟指向17点59分，小苏开始麻利地收拾桌面。18点整，她站起身，准备下班离开。她看向老板和上级领导的办公室，他们都还没走，但这并不会让小苏纠结。她拎起包，迈着轻快的步伐，走出了公司。

5分钟后，她已走到地铁口，领导的电话打了过来："你在哪儿？我有事找你，你是回家了吗？"

小苏回："领导，现在下班啦，不着急的话，明天一早我来做吧。"她边说边走进地铁站，手机信号正好变得很弱，她顺势挂了电话。

1. 为什么年轻人不服管？

小苏只是千万个90后打工人的缩影。

根据36氪[①]在2021年发布的《年轻人下班报告》显示，

---

① 36氪：创办于2010年12月，是一家以媒体为旗舰的新经济服务集团，以长期报道、服务和陪伴中国新经济参与者，提高中国商业效率为使命。——编者注

有超过七成的 90 后，不等领导下班就敢先走。这个比例在 00 后中，更是接近八成。

近些年来，90 后与 00 后的职场态度与职场言论不时会引发全网探讨，每次涉及"加班""下班"等讨论，网友们的看法都比较统一：

- "为什么要等领导下班？搞笑！"
- "等领导干嘛？他是要请我吃饭还是送我回家？我要挤地铁买菜做饭，没空等他，又不多给钱。"
- "谁跟你说领导走了才能下班？"

我身边不少管理者朋友也都纷纷表示，现在的年轻人真的不服管。

作为一名小创业公司的老板，我也有过多年的团队管理经验，我的看法是：从人性角度出发，只要有得选，就没有人喜欢被管。

人越年轻，往往越有得选，自然就越不服管。

年轻人率性和洒脱的背后，是他们拥有的充沛"议价权"。没有过多负担，有的是试错成本，再加上经济的发展，大部分的 90 后、00 后，生活条件显著优于 70 后、80 后。既如此，何必委曲求全？只是一份工作而已，若是委曲，大不了换个地方再来。

第一章
硬核心智：逆境商数，决定成败

越年轻越不服管，这话反过来也成立：越不服管的人，可能越年轻。

知名专栏作者万维钢讲过一个故事：20世纪90年代，有人对某养老院的老人做过一项研究，观察对比那些在养老院生活得很好和生活得不好的老人，在生活习惯上有什么不同。

结果发现，那些在养老院里生活得很好的老人有个共同特点：他们都喜欢自己做主。比如，他们会在饭前搞一个私下的食物交换活动。有个老人解释说："今天发给我的是蛋糕，我虽然也愿意吃蛋糕，但我宁可跟别人换一下，因为换来的东西是我自己选择的。"

他们还会随意改动自己房间里的摆设，甚至拆了家具重新组装。养老院的管理人员跟他们开会商量："下次想改动前，能不能提前知会，让我们来帮你们改？"

老人们的态度非常强硬：第一，我们不需要你们帮；第二，我们不需要你们允许；第三，下次只要我们想改，还是自己改。

研究发现，正是这些不服管的老人，比别人活得更健康、更长寿，也更快乐。他们的不服管心态就是"我还年轻"的心态。

拒绝被控制，想要拥有生活掌控权，这恰恰是年轻与朝气的象征。

时代在多元化发展，我们每个人都注定有越来越多的选择。

<u>聪明的管理者，一定懂得尊重人性、顺势而为，而不是强行对抗。</u>

2. 赋予更多自由，才会让年轻人更有干劲

我从前公司离职，除了想体验人生的多元发展之外，还有一部分原因就是加班频繁，身心疲惫。

哪怕白天一整天都在出外勤，每天一到 19 点，也依然要准时回到公司开会。一般情况下，22 点结束会议，但如果事项多，那么当天的会议可能直接开到第二天凌晨。关键是会议的内容明明半小时就能讲完，耗费的时间大部分都在做无意义的拉扯讨论。

开那么长时间的会议，很大一部分原因是领导们都没走，他们都在隔壁会议室开会，所以我们就不能走，不敢走，耗着精力去讨论已经得出结果的议题。

领导们真有那么多重大决策需要讨论到深更半夜吗？可能也未必吧。在离职后，我曾跟前上司开玩笑说："是不是你也跟我们一样，在不情不愿地敷衍开会啊？因为你的上级没走。"

他笑笑，没说是，但也没否认。

的确，公司并没有明文规定说"领导不走，你就不能走"，但在一个极度内卷的环境中，那个胆敢先走的人，大概率会被扣以"工作态度不端正"之名，最终影响绩效考核。所以，在我当年工作的时候，我和我的同事们都不敢比领导先走。

这其实让我有一种"生命被无情浪费"的感觉。我常常想，与其没事也要强行把员工按在工位上不让走，不如赋予他们更多的自由，也许会让他们工作得更有干劲。

丰田汽车一直以性价比著称，美国的通用汽车公司曾去学习它的管理经验，结果发现两家公司最大的不同是：通用绝对不允许工人拉停生产线！因为生产线停1分钟，会给公司带来超过5000美元的损失。而丰田的工人只要判断有必要，居然可以任意拉停生产线。

如果一个丰田工人认为自己某个螺丝没拧好，就可以让所有工人都停下，等他重新拧好再继续。

丰田管理层表示："拉停生产线对我们的损失当然也是巨大的，但我们给予每个员工充分的信任，任何一个员工都有权利拉停生产线。如果一个员工存心使坏，只要不断拉停生产线，就可以把公司搞垮，但并没有人这样做。"

这样的自由度与信任的赋予，反而给员工带来了更多的掌控感和归属感。因此他们也才会转过来，更多自发地替公司着想。

所以，老板们，不要再只盯着工作时长、是否加班、为啥你没走员工就走……对大部分年轻人来说，太过注重这些，只会起到适得其反的效果。

给目标、给自由、放权信任，或许才能更好地激励员工，让他们真正地和你站在一起。愿意以同一个战壕战友的身份，一起去夺取职场成果。

3. 年轻人的"娇贵"，是对先辈最好的回馈

我常听到一种说法："80后是垮掉的一代。"后来，这个说法换成了：90后、95后是垮掉的一代。现在，"00后不如90后"的说法也出来了。我猜要不了多久，我们或许还会听到：10后、20后是垮掉的一代。

这给人一种轮回的错觉。

但事实是，江山代有才人出，下一代就是比上一代强。不然，时代是如何持续进步的，社会又是如何持续发展的？

电影《长津湖》里，朱亚文扮演的辅导员梅生有一句经典台词："我们把该打的仗都打了，我们的后辈就不用打了。"

生长在太平盛世的我们亲眼见证：先辈们的遗愿，实现了。

那么，活成什么样，才是对他们最好的回馈？我第一时

间想到的词是"娇贵"。诚如知名辩手黄执中所说："一个国家最大的骄傲，就是养育了一群'娇贵'的人民。"

何谓"娇贵"？我们会对吃穿用度越来越挑剔、越来越懂得"生存"与"生活"的不同；我们不再为了追求名利、财富而背离初心；我们真正习惯了上班归上班，生活归生活；我们中的大多数人，不再把有车有房、功成名就视为人生必选项；我们每个人都可以勇敢地追求自己想要的生活……

我想，这才是对先辈最好的回馈。

<u>时代的车轮滚滚向前，一代代新人前赴后继。</u>

与其盯着年轻人叹气"90后不服管，00后敢先下班"，已经被拍在沙滩上的"前浪"中年管理者们，不如积极思考一个核心问题：<u>在这样的盛世，要用一种怎样的管理方式，才能跟年轻人一起持续地与时俱进？</u>

硬核突围

1.6 凌晨 2 点喝到胃出血，我为什么还是丢掉了订单？

转眼间，我已创业 8 年。

从工作 10 年的通信圈毅然裸辞，2016 年年底跨界到新媒体领域，我的人生几乎从零开始。这些年经历了众多人与事，最让我印象深刻的，是创业后拿下的第一个像样的大单——替一家公司做首席执行官的个人品牌打造。

为拿下订单，我跟前合伙人老杨连续跟进两个月，不眠不休地做方案，陪着客户喝酒。有次喝到凌晨 2 点，老杨直接喝倒了，第二天上医院检查，发现是胃出血。最终，客户认可了我们提交的方案，也被诚意打动，顺利签约。只是服务不足一个月，项目被叫停，我们也无颜要求客户继续履约——只因效果实在是不如人意。

几个月的心血和付出，终究全部打了"水漂"。

如今复盘，认真审视：我做错了什么？如果再来一次，我能否做得更好？

1. 你擅长的，不见得是最合适的

最初对接上这位客户，是件很意外的事。我当时是几个平台的签约作者，主要精力放在故事创作上。新作发布，我通常都会顺手转发朋友圈。某天，微信上一个记不清什么时候添加的朋友说，想谈个合作。他是做人力资源的，老板在全国各地都举办过线下分享会，但耗时耗力，效果不甚理想。如今找到我，是想跟我一起策划、打造老板的个人品牌，并借由品牌效应，推广产品。他的话中透露出看中我的几个原因：

第一，连续几个月观看我的朋友圈，看到我持续不断地发布作品。他们认为能坚持的人大多是靠谱的人。

第二，他的老板喜欢且满意我的文字功底。

第三，希望我能把他家晦涩枯燥的专业内容，加工得轻松有趣，以吸引更多受众。

第四，打造公司的新媒体平台，结合老板的线下活动，最大化提升品牌影响力。

我和老杨商量后，觉得这真是一个绝好契机。线上沟通过几轮，我们给出了初步方案，提供了两个方向：一是"追热点、写干货"；二是为老板量身定制行业系列故事。

我一直朝着第二个方向拼命引导，原因很单纯：热点难追，来得快，去得更快，无法形成积淀。而写故事，我非常自信能驾驭。

说服客户没花多少工夫，因为我的众多作品与在各平台的签约表现已足够证明。当我亲自飞往对方公司采集素材，拿出第一篇样稿后，客户就更认可了。

现在复盘回想，当时的我太盲目乐观了！我把合作引导到自以为有把握的方向，却没能确定这个方向是正确的。

唯一能确定的是，我喜欢且擅长写故事。

可是，你喜欢的，不一定是合适的，更不一定是你能够干得好的。最后事实证明，这正是导致项目失败的最大隐患。

2. 不产生效益而打的水漂，都是对自以为是的打脸

从前我在华为工作，出去谈合作，大家都很尊重我。这是因为我的个人魅力吗？不，更多的是来自我背后这个500强大平台的光环。

我之所以引导客户同意定制行业故事，最重要的原因是自认为这个方向跟我的核心能力最匹配，想当然地觉得，若我的内容足够优质，树立个人品牌肯定不成问题。这真是一种傲慢的错觉。现在回想，我当时至少犯了三个错误。

（1）以"我的思维"去代替用户思维

客户找到我，他们想要什么？他们要的是放大自己老板的影响力，借由个人品牌的树立，让更多人熟知公司，最终

销售产品和服务。

客户不懂新媒体，也并不关注内容，写品牌故事也好，写热点文也罢，他们最终要的是转化。我却没有真正站在客户角度考虑问题，自始至终都在强调："咱们写系列故事吧，东西好看走心最重要……"

而这只是我想要的。

没有聚焦客户需求，反而以自己的思维代替，最终导致整个合作偏离轨道。

（2）忽略客观条件

客户的需求是想销售一款基于小程序的付费信息查询系统。产品特性决定了宣发文案的主力平台肯定是微信公众号，但在我们介入前，他们还没有注册微信公众号。这就意味着，我写的定制故事，需要放到客户新注册的公众号上。

一个粉丝为0的新建"婴儿号"，是发布行业故事题材的适宜平台吗？公司的主体受众都是人力资源圈，他们会是爱看故事的群体吗？尤其是这类万字一篇的行业故事。

我雄心勃勃地开始准备创作，把这两个显而易见的关键问题选择性地忽略了。我一厢情愿地想，只要故事优质，就一定能持续吸引粉丝，把号做大。毕竟，内容为王嘛。

现实很快打了脸。

第一篇发出后，客户找了关系，委托业内某个大号帮忙转发，又强制要求公司每个员工都转发，最终收获浏览量

1500+；第二篇，700+；第三篇，300+；第四篇以后，浏览量都在 150 人次左右。发到第七篇，客户说，我们先停下来吧。我没有再争取。我心里清楚，这样逐篇腰斩的数据，能忍到第七篇，客户已经非常给面子了。

什么样的内容叫作好内容？写一篇东西，把自己感动得泪流满面，自己觉得文辞优美、意境深远……就是好内容吗？对不起，那仅仅叫自嗨。而我一直对客户做的，不客气地讲就是自嗨。

那么互联网上，什么内容才叫好？

你的文章点赞数据是多少？读完率怎样？读者看完会不会转发？这些数据都是最直观的标准。

而我却完全忽略了，我更忽略了自媒体的本质是传播。没有广泛传播，除了客户公司员工和我公司的员工会点击，哪些人还会点击阅读呢？

可惜我当时不懂，又自以为懂。

内容为王这话是没错，但若想引发传播，是需要把合适的内容放到合适的平台，去吸引合适的受众。三者缺一不可。

再优质的种子，也必须落进适宜的土壤，否则就变成了种进水泥地，没有生长发芽的可能。

（3）努力用错方向

在项目执行过程中，我一度认为自己很"专业"。

写故事很专业：深入学习各种流程、参阅相关书籍、从客户的只言片语中获得灵感、访遍关键角色挖掘素材、从一份份枯燥晦涩的调研型文档中提炼矛盾点……

工作态度很专业：客户提出的任何修改意见都积极配合，24小时在线，深夜12点也随时响应，与客户核对细节、排版，每一处都仔细检查十几遍，连标点符号也从不放过……

努力到感动自己，结果却没有陪我演戏。

一开始方向就错了，这样的专业又有什么意义？

现在想想，既然客户的核心目标是转化，那么我当时应该做什么？我应该仔细分析他们核心受众群体的特点与痛点；我应该细致研究他们行业头部大号都在提供怎样的内容；我应该更深入地了解他们的产品，获得更多直观体验……将所有调研完成，再有针对性地去设计、打磨内容，同时不断优化迭代，确定最适合公司内容的呈现方式，而不是单纯地选择我擅长的讲故事方式。

衡量专业的唯一标准，是成就客户。

不要把你自以为是的"专业"，认成是真正的专业。

3. 成就客户，就是成就我们自己

工作复盘的主要目的，是自我反省。

像之前那样，前后投入数月，自我感觉把握最大却最终流产的项目，真的很值得我认真复盘：反思整个过程，归根结底是我当时毫不具备"客户思维"。

华为就始终把"成就客户"放在首位，还把它明确写进了自己的核心价值观："为客户服务是华为存在的唯一理由，客户的需求是华为发展的原动力……为客户提供有效服务，是我们工作的方向和价值评定的标尺，成就客户，就是成就我们自己。"

在华为的那些日子，因为平台光环，我没有太过明白"成就客户"的真正含义。所幸，在经历了第一单的教训后，我终于懂了。

所谓"成就客户"，其实就是换位思考，切实替他们考虑。客户有所收获，实现了其商业价值，才会愿意与你长期合作。

"利他"是最大的"利己"。

先成就客户，最终也会成就我们自己。厘清重点，刷新自己，持续成长，努力提升核心竞争力，才是正确的前进方向。

1.7 越职业化的人，越懂得尊重

有人说，香港电影最后的辉煌非《无双》莫属。姑且不谈这句话的对错，单就影片主角周润发的状态，就值得我们夸赞。当初上映时，"小马哥回来了"的声音传遍全网，频上热搜。观众们惊呼：63岁的发哥，根本看不出年龄，身形与状态都太好了！

据周润发说，他每天早晨五点起床跑步、做体能训练，坚持亲自上阵完成所有的动作戏。高度的自律令剧组的每个人都不敢放松。另一位主演郭富城更是表示："有发哥做表率，没有人敢怠慢，大家都努力做到最好。"

在拍摄《无双》前，发哥曾经表示过不会再拿枪，但因为剧情需要和对角色的喜欢，他这次不但破例，还将自己拍枪战戏的经验传授给了导演庄文强。

"发哥告诉我，如果最后一颗子弹打出来的话，枪是会退膛的，那样就不好看了。他这个人真的是很厉害、很'恐怖'的，任何事都不是乱来的。"

大家在谈论发哥的专业，其实是在谈论他对演员这一行的尊重。尊重每部戏，也尊重每位观众。

而早在2012年参加上海国际电影节时，发哥就曾郑重表示，观众是老板，演员应该尽好本分，"伺候"好老板。他对观众的合影请求从来都是来者不拒，在网络上也处处可见他跟路人的合影。

无怪发哥出道多年，长盛不衰。除了敬业，我们找不到别的理由。内心保持感恩，懂得换位思考，是敬业的发哥对观众最大的尊重。

越职业化的人，往往越懂得尊重。

1. 尊重，是己所不欲，勿施于人

曾有一则新闻，说的是一位职场妈妈怨怼幼儿园老师。

这位妈妈因为老师安排儿子当值日生，在半夜12点发了一条长消息，几天后发现自己被老师拉黑了。她愤而发微博控诉，没想到网友们一边倒地支持老师。面对网友的吐槽，这位妈妈并不服气，她表示："白天我忙于工作，只能晚上来处理孩子的事，我认为自己发信息并不是骚扰，我的客户深夜也同样会发信息给我，我并不觉得有什么问题，因为这是我的工作。同样的，我深夜发信息给刘老师，这是与她进行沟通。"

我们来翻译一下，这段话大概包含了三层意思：首先，白天我是打工者，必须完成老板安排的工作，我不能有意见；其次，深夜时客户也经常联系我，但人家是甲方，我也不能有意见；最后，我出钱让孩子上幼儿园，不过是在行使我作为家长的权利，所以，你凭什么有意见？

这听起来好像有点儿道理。每个人身处的位置，决定了他对外界的反应。乙方要有乙方的样子，甲方要有甲方的姿态，这才叫职业化。

其实，错也错在"职业化"。"我不觉得有什么问题，因为这是我的工作。"我们从这句理直气壮的话开始，分两方面来看这件事。

第一，以"理"来说，我们就工作论工作。乙方幼儿园跟甲方家长签订的合约，是照顾孩子从进园到离开。契约时间很清楚，是每天 8 点到 17 点。凌晨并不在合约时间内，要求老师在微信上"进行沟通"，对乙方而言属于过度交付。

"过度交付"对于职场人来说，恰恰是最不职业化的做法。

第二，以"情"来说，老师与妈妈都是孩子的守护者，大家都是工作了一天，怎么能丝毫不顾忌对方的感受？已经深夜 12 点了，有什么重要的事不能编辑好信息，等白天找个时间再发？哪怕利用上洗手间的间隙，也可以点击"发送"呀。

心理学中有"投射效应"，是指人们倾向于按照自己是什么样的人来知觉他人。喜欢把自己的观点投射到，甚至可以说是强加到他人身上，以自己为标准去进行衡量。

客户深夜联系，你积极响应是敬业；可你不能转换身份后，理所当然地要求别人也必须同样响应。若是没有收到回应，就指责对方不敬业。这跟"多年的媳妇熬成婆，成了婆婆后继续折磨自己的儿媳妇""童年经受侵害，长大后报复社会"有什么区别？

自身遭遇不公，因而对他人不公；从小不被尊重，所以不会尊重；承受了伤害，就要去伤害他人。这些或许都属于本能行为，却绝非人类文明的象征。

若暂时解决不了问题，至少可以节制自己的言行，选择理性的应对方式。

与其抱怨身处黑暗，不如提灯前行。

越职业化的人，越懂得己所不欲，勿施于人，这是对人最起码的尊重。

2. 尊重，是让对方感到舒服

央视节目《开学第一课》曾采访过翻译家许渊冲老先生。当时96岁高龄的许老坐着，主持人为了方便交流，在3分钟内跪蹲3次，低下身子说话。不少观众表示，"这一跪，跪出了素养"。

第一章
硬核心智：逆境商数，决定成败

最高级的职业素养何在？正是在于"尊重"。

香港电视剧《新闻女王》的主演是佘诗曼，她被观众亲切地称为"TVB 最后一个花旦"。佘诗曼曾在一次采访中说，在拍摄《延禧攻略》时，常年说粤语的她，觉得说普通话不能很好地进入状态，就用粤语说对白。

但这是一部内地导演的戏，为了能让演对手戏的内地演员无缝衔接，她每次在说最后一句台词时总会用普通话来说，让对方明白：到我说了。

因此，她需要多做很多功课，台词既要记粤语部分，又要记普通话部分。跟她合作过的演员都感慨，佘诗曼能有今天的成就，实至名归。粤语与普通话切换的做法，让他们觉得非常暖心。

足够职业化的人，一定会主动设法让合作者和共事者感到舒服。

朋友小雯是一名销售，销售业绩在公司一直数一数二，她曾跟我们分享过自己与客户的相处之道。

"普通销售一上来就推产品，而职业化的销售，从来都是'推销自己'。"在登门拜访前，对方的脾气、爱好、生活习惯、家庭成员等，她总会设法了解，早做功课。"这不是窥探他人隐私，只是为了寻找共同话题，避免无意踩到雷区。人家认可你，自然会买你的商品。"

小雯说，自己就亲眼见过同事因为没有提前了解客户的

049

习惯而丢单。

那位同事本来一直跟得挺好，都快签单了。结果有一天中午，他请客户吃完饭后，发现客户的脸色有些不对。次日再联系，客户说，我已经决定和别人合作，咱们下次有机会再说吧。

后来他才知道，客户是回族。因为是提前点好的菜，客户在饭桌上没说什么。他却不知情，夹了两三次排骨和红烧肉。客户回去后挺生气，认为销售不懂得尊重人，这怎么能合作呢？

小雯说："姑且不论这客户是不是太矫情，自己是回族为啥不直说，你要请客吃饭，要么就现场让客户点菜，要么就应该事先做足功课。现在两方面都不准备，那也太不职业了。"

足够职业的人，一定会尽可能提前掌握合作方的信息，安排妥帖有度，让对方感到舒服自在。

对方把你当朋友，甚至当自己人看待，后续建立商业合作，才是顺理成章的事。

尊重即赞赏，信任才易胜任。

3. 尊重，是一视同仁

根据真实事件改编的法国电影《触不可及》(Intouchables)，

讲述了身处社会底层的黑人小伙德瑞斯（Driss）受雇照顾高位截瘫的富豪菲利普（Philippe），两人最终成为挚友、相知相守的感人故事。

菲利普的财富、才学和修养，是德瑞斯"触不可及"的高度，而德瑞斯的活力、率性和健康，也是菲利普"触不可及"的远方。

朋友好心提醒菲利普：这个人有犯罪前科，为人也是毫无怜悯和同情心，你怎么敢聘用他？菲利普回答：我正是看重他没有同情心。行与不行，菲利普有自己的判断。

德瑞斯不仅随时和菲利普开正常人的玩笑，还陪他飙车、给他安装能够让轮椅快速行驶的滑轮。他从不把菲利普当截瘫病人看，这种一视同仁的感觉才是菲利普想要的。而同样的，菲利普也从未看不起德瑞斯的出身和粗鄙。

这部电影之所以动人，正在于明明触不可及的两个人，却因始终秉持平等与真诚，最终完成了对彼此的救赎。

最好的尊重，源于一视同仁的同理心。

4. 保持对他人的尊重，是你最职业化的模样

知名商业顾问刘润曾关于职业化提出过"关于实现职业化的行动清单"。行动清单的第一条就是，"职业化的本质，是通过尊重别人，从而赢得尊重"。

越成熟的职场人越会知道，职业化是对他人的尊重，也是对自己职业的尊重，可以降低信任成本，提高工作效率。

职业化不一定是上升梯，却一定是安全网，让你的每一步路都走得有迹可循。

保持对他人的尊重，正是你最职业化的模样。

2

硬核逻辑：

向下扎根摆脱内耗，专注深耕持续成长

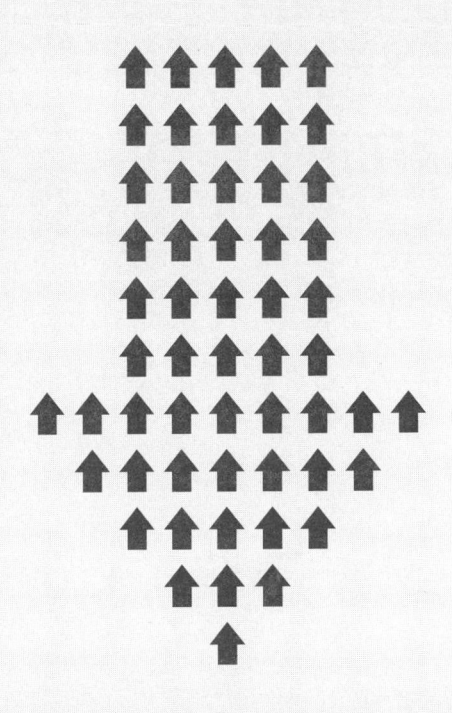

2.1 外企 8 年，我学到的人性化，是举手离开

国外爱立信办事处，有一次召开会议。会前五分钟，组织者突然打电话称，自家的马忘记喂了，得先回去喂马。其他与会者毫无异议，轻松愉快地同意会议改期。

这个段子是我入职爱立信时听来的。

十年职场路，两个老东家。爱立信教会我生活，华为教会我生存。

1

我曾听过一句话，"每个职场人，都有过一个外企梦"。背后的意思大概是，外企几乎是最佳雇主的代名词。我很幸运，毕业那年顺利进入爱立信，这是一家源自北欧的百年企业。我们亲切地叫它"爱记"。在华为崛起前，"爱记"是电信业无可撼动的领军者，全球市场份额一度高达 40% 以上。

在爱立信的八年多，是我迄今为止的职业生涯里最美好

的一段时光。爱立信内部人际关系简单、领导亲和、福利优渥，始终秉持人性化管理。它符合初入职场的我想象中好公司的完美定义。

那年，我大学毕业来到北京，暂时租住在东四十条的一间地下室。屋子里没有衣柜，也没有桌子，唯一的家具是一张单人铁床，床头堆放着我的衣服、电脑和书，这是我当时的全部财产。

北京的夏天，平均气温超过35摄氏度。每一天早晨，我都是热醒的，但也带着十足的期待——终于，又到上班的时间了。爱立信的班车会在8:10准时到达东四十条，车上有空调。司机似乎是陶喆的粉丝，每次我上车时音响里都在放《就是爱你》这首歌。

车上的同事，无论男女，总是谈笑风生，中英夹杂，鲜少有人聊工作。他们眉眼间轻松怡然的感觉，不像是去上班，倒像是去郊游。

2

我是以培训生身份进入爱立信的。和我一样的还有32个人。培训持续3个月，我们与大学时一样，每天朝九晚五在公司阶梯教室里上课。休息时，大家可以在茶歇区吹着中央空调，肆意聊天、喝咖啡。培训期间，工资照常发，一分不少。

正式上岗后,我几乎每天都可以听到业内大咖的经验分享。领导也多次提示:在爱立信内部,但凡你有问题,可随便拉住一个同事发问,不必拘泥于身份。上下级之间也一概不许称"领导""老板",更鼓励直呼其名。

这个举措极大地打破了上下级、新老同事间的隔阂,也让身为新人的我得以快速提升。

我第一次出差,项目组长统一帮忙安排行程。他问我:"想住哪里?香格里拉、洲际还是希尔顿?"

我愣了,心想,这些也可以住?

"不是住招待所或者快捷酒店……吗?"

项目组长哈哈大笑:"公司有标准的。你出去就是代表公司形象。"爱立信的企业文化一向是在完成工作之余,鼓励大家享受生活。

宽敞明亮的办公室、随和贴心的上级、热情友善的同事、五星标准的舒适,这是爱立信给我的最初印象。与那间狭小晦暗的地下室相比,它简直就是妙不可言的伊甸园。

所以,我仅住了一个月的地下室,第一个月工资到手后,为了防止为数不多的衣服继续在潮湿中发霉,我迅速搬了出去。

3

爱立信主张人性化，我的记忆深处有很多人性化的片段：我们在客户面前足够硬气；下了班领导就往外赶人；公司内部常常抽奖搞团建；有事请假，一定通融……

之后很长一段时间里，我也如出一辙地人性化带团队，包括为下属抵挡客户的不合理要求、最大化地替每一个成员争取利益。

时至今日，我和很多团队成员的关系仍然很好，得到的评价是，"值得信赖的大哥"。

这个评价在我看来，胜过"好领导""好上级"，令我欣慰至今。但随着在外企工作时间越久，爱立信的舒适管理，也开始逐渐暴露出问题。

第一个问题，有关公平。

老猫（化名）一度是众人眼中的传奇。他的技术过硬，攻克过很多复杂项目难关。难能可贵的是，他编写了很多技术文档，还顺手开发过不少工具，大幅提升了整个部门的工作效率。但就是这样一个核心技术骨干，在某次团建喝多了后向我们吐槽，公司太令他寒心了。他的若干突出贡献，只换来一纸奖状和 5000 元奖金，除此之外，再无其他。

他说："这大概就是公司不成文的规定，讲求人性化，要照顾多数人的感受，维持整体的和谐。可对我的付出而言，这太不公平了。"一个月后，老猫辞职离开，到一家创业公司做技术总监，现在做得风生水起。

第二个问题，有关效率。

本文开篇喂马的例子，发生在国外爱立信。如果是在国内爱立信，那又会是什么情况？

客户若有紧急需求，各部门会召开各种会议，商议一堆流程，到最后却迟迟不决策。

为什么不决策呢？首先，谁也不想轻易出头，更不想承担决策失误的后果；其次，公司主张人性化管理，不能把员工逼得太狠，这有伤和气。

一来二去，时间耽误了，效率丧失了，更是把客户气得跳脚了。

第三个问题，有关成就客户。

像多数规范企业一样，爱立信这家"百年老店"的企业文化，也把成就客户放在首位。但跟一些企业"屁股对着领导，头对着客户"相比，爱立信的成就客户又带着一股贵族式的傲娇和自我。

简单来说就是：我是最专业的，你只要信我就好。

一个前资深产品专家，曾不无感慨地和我说过这样一段话："你根本想象不到，我们的产品研发逻辑是，我是上帝，我做什么客户就得用什么。"

总部会提前一年规划好产品的所有功能，若客户根据实际网络情况想插进去一个必要的功能，那公司只能说："对不起，我们会全力证明，你是错的。"

当时还没有华为，客户也只能忍着。在这种逻辑下，内部研发人员很轻松，公司对于他们的确做到了人性化。

可是，这真的是在成就客户吗？

4

随着华为、中兴的崛起，在中国市场上，我们陆续见证了摩托罗拉、诺基亚等传统电信巨头的倒下。爱立信亦不能独善其身，随着业务放缓，连年亏损，全球第一的市场份额最终被华为赶超。

为降低成本，爱立信实施了多轮裁员。此时，我才开始把注意力从咖啡、航空金卡和酒店积分中抽离，聚焦到随时可能发生的实际问题上：在这个梦幻般的伊甸园里，享受生活是蛮好的，可要是有一天我被裁了呢？外面的世界要是跟这里不一样，我活得下去吗？

当我跟华为、中兴甚至其他合作方公司深度接触，逐步打开视野时，我不得不承认：自己像一株温室里的花朵。爱立信安全、舒适、温暖又美好，但它远不是世界的全部。

后来，我从公司北区离开，到西区的新环境报到。第一天，一个难缠的客户就让我险些崩溃，摧毁我从首都带回的满满自信。我无奈地向团队求救，可是同事们都在忙着准备回家，从公司一向人性化的角度出发，他们这样做是很正常的。

同时，我发现新环境的工作氛围跟之前不大一样，同事们分成两派，同一派的伙伴相亲相爱，但对另一派就横眉怒目，这逼着我必须要站队。

那一刻我很懵。唯一真实的感觉是，已有多年工作经验的我，竟然像个应届毕业生一样手足无措。

我无比珍视的优雅、我引以为傲的专业，在现实面前都不值一提。很快，爱立信开始了新一轮裁员。我思虑良久，果断举手，拿了补偿金离开。

再好的企业，也不会负责你的终身。世界在变，爱立信在变，我们也必须改变。

唯有紧跟外部变化，才是对自己职业生涯的最大负责。

5

有人说，在外企学章法，在民企学活法。

对此我深以为然。

对我来说，爱立信8年多的工作经历，塑造了我单纯、自信、坚持善良的价值观，它让我保有信任的能力。同时让我始终坚信，再黑暗的地方，也一定有亮光可以照进。这是我一度秉持的且应该有的生活态度。

后来，在华为的日子，我体会到了生存的艰难。华为也带给了我另一份感受——始终澎湃的内心与咬牙拼命死磕。

我有一个朋友曾写下这样的文字："只有自己把皮鞋脱掉，挽起裤脚踏踏实实地把脚踩进泥里，才能发自内心地理解，为什么中国的民营企业能蓬勃发展到这个地步。"

时至今日，我感谢爱立信教会我生活，也感谢华为教会我生存。

我想，将它们合二为一，或许才是企业人性化的全部内涵：不是表面优雅，而是无论逆境顺境，都能笃定自己拥有更多选择。

真正的职业化，是从舒适区中跳出，保持自我刷新的能力。

⊙ 2.2 你早该洞察的本质：你的口碑，比钱更重要

看到一则新闻：市民王先生入住河北辛集一家高档酒店，第二天发现自己价值 60 万元的车被盗。王先生认为，停车场属酒店配套设施，且自己是在酒店保安的指示下，将车停到了指定位置，所以酒店应承担相应责任。

酒店方则声称，停车免费，不提供看护责任，且已出具免责公告，挂在墙上做出了告知。王先生报了警，并表示将考虑起诉酒店。

酒店究竟有无责任？新闻最后说，本案目前尚无定论。但据律师回应，酒店应承担相应赔偿责任。

这事在我看来，无论最终酒店赔不赔钱，它都已经输了。

诚如一名网友的留言："酒店何必张贴这种自我免责的公告，这样做既在法律上无效，又给社会一种推卸责任的观感。"

顾客之所以肯花高一点的价钱选择高档酒店，看中的当

然是舒适度与安全性，但这家酒店很明显没能达到客户的预期。意外发生前，看到客户是驾车入住，为什么不能马上明确告知"不能承担看护"，而只是任由提醒悬于墙上？

意外发生后，酒店的第一反应竟然是推责和甩锅。行事既不职业又令人寒心，以后谁还敢贸然入住啊？

品牌建立如同织毛衣，一点一滴千辛万苦，但坍塌或许只需轻轻一拉。

互联网时代，信息无时无刻不在飞速传播。很多时候，口碑可比钱重要多了。

1. 不把客户利益当回事，就是在自败口碑

曾有这样一个事件，一位名为"花总"的网友曝光了一段酒店内幕的视频。6年间，他曾入住147家高档酒店，超过2000个夜晚。

一次，从外面回到房间的花总，意外撞见正在用脏毛巾擦杯子的保洁员。为弄清楚这是偶然事件还是普遍现象，他产生了拍摄的想法。起初，他的拍摄目标只是自己经常住的酒店，后来他又刻意挑选了一些昂贵的、品牌名气大的酒店，因为它们更有代表性。

结果令人触目惊心。

在视频里，各种乱象应有尽有。地上的脏浴巾，捡起来

就去擦漱口杯、洗手盆、镜子；同一块抹布，擦了马桶，又擦杯具；从垃圾桶里捡回一次性塑料杯盖，继续放好。

......

涉事的包括 14 家顶级品牌酒店。

我身边好几位长年差旅的朋友，边看视频边摇头。骂完，他们第一时间去买各式旅行套装，并声称：凡上榜酒店，一概拉入自己的禁住黑名单，同时还要告知亲戚朋友都不要去住。

<u>口碑这件事，从来都是双面刃。做得好，会有传播；做得差，传得更快。</u>

不把别人的利益当回事，只想赚昧心钱的商家，别忘了"好事不出门，坏事传千里"的道理。作恶的后果就是终究会遭受市场的惩罚。

2. 只有保持"足够好"，才会带来"自来水"效应

小米公司的创始人雷军曾经写了一条"去工厂拧螺丝"的微博，冲上了热搜。"米粉"们都乐呵呵地一边笑看雷总"赌咒发誓"，一边继续催他赶紧生产手机。

这事件中，我看到的重点不是小米手机，不是雷军，而是微博发出后网友们超乎想象的积极响应。

大家为什么如此认可小米、认可雷军？诚如一位网友在

硬核突围

评论区所说:"小米无论涉足哪个领域,都会让这个领域大改一番。小米打入手机市场,对当时国内山寨手机横行的情况进行了严厉打击,对国产手机的发展起了巨大作用;进入路由器市场,改变了人们对路由器的认知,甚至第一次引入了智能家庭的概念;进入电视机市场,直接把贵到上万元的电视机砍了一半价格,性能、质量却不低;进入空气净化器市场,直接以 699 元的价格秒杀市场 4000 多元的净化器……"

小米的成功,明明白白地显示出:只有你的产品够好,能真正为消费者带来价值和实惠,人们才会期待,也才会催促。

口碑,从来不是一朝一夕建立的。你若能一直保持"足够好",自然就能带来"自来水效应"(用户自发传播)。

3. 建立并保持好口碑的 3 个准则

曾有位口碑营销大师说过:"最具威力的营销手法,是把大众与媒体一起拖下水。"自我宣传在客户心中的力量正在减弱,他们更为信任第三方的诉说。第三方口碑,成了互联网营销中十分重要的一环。这个法则不仅适用于企业与商家,也适用于个人。就好比你说自己好,是王婆卖瓜,效果远远比不上你的朋友在别人面前说你好。

那么,对普通人来说,如何能够迅速建立并保持好口碑？我想分享 3 个准则。

（1）精准定位受众

经济学上有错配效应，即资源若没有流向正确的地方，会造成社会总产出的损失。

在电影的宣传发行环节，因为错配而引导观众去看"错误的电影"，导致口碑全线崩盘的例子比比皆是。比如，曾经在电影院上映的某电影，片方费尽心机，做出和电视剧原作匹配度极高的宣传片，成功引发了大量粉丝的回忆杀。结果大家去电影院一看，却是一部其他题材的电影，和原作没有半毛钱关系，简直是挂羊头卖狗肉。

为赚快钱而刻意错配，是一种自取灭亡的短视行为。唯有把对的东西给对的人，才能快速建立起你的口碑。

（2）制造预期外的惊喜

我的助理小柳说，她在前公司时经常出差，住过上百家酒店，唯独对一家酒店印象特别深刻。那家服务员每天打扫完房间，会在床头放两个小巧精致的毛绒玩具赠品。

有一回，小柳和同事连续住了 5 天，每人得了 10 个小玩具。同事就跟服务员开玩笑："这些小玩具能不能还给你们，然后我再换个大的？我家小丫头喜欢能抱住的玩具。"

服务员当时不好意思地表示，他们没有大的，这些都是统一采购的。

小柳与同事一笑了之。

没想到过了两天，在她们退房时，前台拿出一个约50厘米高的毛绒兔，说是特意为小姑娘准备的。小柳和同事惊喜之余连忙道谢。她们出门时边抱着小兔玩偶边说，以后咱们一直住他家吧。

一个毛绒玩具，或许值不了多少钱，但<u>这背后的真诚与用心，让人觉得物超所值</u>。好印象即自发宣传，大都由此而来。

（3）坚持底线，树立善良人设

"我劝你善良"，似乎是一句特别鸡汤的话，放在口碑营销上显得可笑，但无数成功的销售告诉我们：<u>最好的销售，是"卖"自己</u>。让客户认同你本人，超过认同你的产品，那么无论你卖什么，他们都更容易因为相信而选择买单。

要做到这点，本质上先要做一个真正令人尊敬的人。

<u>坚持底线，树立善良人设、不作恶，是建立长期良好口碑的底层逻辑。保持正直与诚实，是推广一切的最好方式</u>。

这种口碑，比金钱贵多了。

2.3 成熟的人,工作从不靠喜好驱动

依依最近有点"膨胀",她连续两年升职并获得优秀员工,非要张罗请大家吃饭。饭局上,大家打趣她,说她两年前可是动不动就把辞职追梦挂在嘴边的。经常说的一句话是,我根本不喜欢现在的工作,无聊透了,怎么可能有干劲呢?

依依是学工程造价出身,但她不爱去工地,于是最终进了一家科技公司做行政助理。她本以为能做点更具创意的文案策划类工作,殊不知她最常规的任务就是整天帮领导和同事贴发票。

我好奇地问她:"你是如何逆袭的?"

依依笑着说:"人都是会成长的嘛,回头看,我那时更多的是迷茫。不喜欢,是因为实际工作跟自己最初的预期不符。但真正喜欢什么,我也并不确定。喜欢文案策划?我对文字根本不敏感,也不愿真正用心练习、打磨……这真的仅仅是喜欢,我没有本事把它作为谋生手段。在贴发票的过程中,我发现了其中的门道,出租车票结合酒店信息,能在地图上判断出报销者的活动半径。据此给领导们安排行程,他

们都非常满意，认为我无师自通，工作细致周到。我因此大受鼓舞，也不讨厌这份工作了。"

蔡康永说："你不一定要做你最喜欢的一件事，可是你要做一件你能够学到东西的事，因为学习是快乐的。"

依依转变的核心原因，是她在曾经不喜欢的工作中找到了乐趣并获得了肯定，这点燃了她的热情。

1. 与单纯的喜欢相比，成就感才是真正的永动机

美国杜克大学的行为经济学教授丹·艾瑞里（Dan Ariely）曾做过一个实验，他在校园里刊出"玩乐高赚现金"的广告，吸引来了不少乐高爱好者。

教授将参与者分成 A、B 两组，制定了如下规则：用手上积木组成一个标准机器人，第一个成品可获得 2 美金，之后每完成一个，获得的奖金比上一个递减 11 美分，即第二个获得 1.89 美元。当参与者觉得不值得继续时，即可停止组装，游戏结束。

两组唯一区别是，A 组完成的每一个机器人都会被保留，而 B 组开始组装第二个机器人时，实验人员会宣称积木不够用，进而拆掉他们刚刚组装好的第一个机器人。

结果，A 组平均每人组装了 11 个机器人，并在实验结束后兴致盎然地表示，这是个有趣的活动，有机会还想参加。

B 组平均每人仅组装了 7 个机器人，且多数人在问卷中表示，这个活动真不怎么样，以后不会再参加了。

过程几乎一致，为何两组人员从结果到反馈都大相径庭？关键区别在于，组好的积木是被留存还是被立刻拆掉。

两组人员都是乐高迷，搭乐高积木对他们都是喜欢干的事，但对 B 组成员来说，若工作带来的成就感被剥夺（机器人作品被拆），积极性遭到挫伤，在奖金还逐渐减少的前提下，势必会难以持久投入。而 A 组则因成果得以保留，所以在同样减少奖金的情况下，依旧坚持了很久。

实验结论很明显，<mark>与单纯的喜欢相比，一份具体工作带给我们心灵上的满足和成就，或许就是持续保持激情与动力的原因。</mark>

我的好朋友阿羊大学期间是个学渣，不学无术，整天无所事事。

大二一次偶然的机会，同学拉他去学校广播站玩，他看着好玩，就试着录了几句。当时导播没有关闭广播，他的声音就这样传了出去。事后很多同学打来电话，说这个新主播的声音真好听，纷纷打听他的来历。

阿羊莫名其妙地火了，广播站站长亲自给他打电话，邀请他来当主播。虽然校园主播没有任何报酬，还需要额外付出时间和精力，但他毫不犹豫就去了。

我们一开始都觉得他不会坚持下去，也就劲头来了新鲜几天，没想到他认真了。阿羊不断上网买设备、玩调音台、一次次录音到深夜、学习各种音频处理软件，乐此不疲，很快就成了广播站的后起之秀，迅速收割了一批忠实听众。

我去过他们广播站，只见阿羊端坐在播音台前，仿佛浑身带光，和我认知中一贯懒散颓废的模样截然不同。

毕业后，他去了电视台工作，现在已是当地小有名气的主持人了。

阿羊说："我喜欢播音吗？至少一开始并不是。我那时都不知道什么是播音。可我从没想过像我这种失败者，也会有人替我鼓掌叫好。在播音这件事情上，我找到了前所未有的成就感，我很幸运。"

亚伯拉罕·马斯洛说：荣誉感和成就感是人类高层次的需求。即便学渣如阿羊，也同样有这种需求，他在播音中找到了成就感，并最终形成持久驱动力，成就了现在的自己。

2. 掌握工作的底层逻辑，为自己的喜欢埋伏笔

老魏是我前同事，工程师出身，干过开发、产品和服务，在每个岗位上都十分出彩。"有问题，找老魏"已经成了公司广为流传的口头禅，不管是研发、产品还是服务问题，只要找到他，都能快速定位并给出解决方案。

我听过一次老魏的公开分享，他感慨道："其实我一点

第二章
硬核逻辑：向下扎根摆脱内耗，专注深耕持续成长

也不厉害，勉强说，也只是个踏实干活的人。开发做需求分析，产品做功能定位，服务做客户满意度，聚焦点不同，但做事的思路有区别吗？在我看来，多数工作的底层逻辑都差不多啊。"

老魏的话，我深以为然。

出来创业前，我曾在通信圈工作10年，从技术员做起，后来陆续当过主管和项目经理。因为从小对文字的梦想，我辞职后第一件计划做的事，是写一部长篇小说。

依据我的理工科思维，写长篇小说，最重要的是写作前的架构工作。这就好比唱戏要先搭好一个台子，台子越稳、越扎实，后期创作就越轻松。在尝试搭建背景世界观、故事体系、人物关系、组织架构时，我不自觉地联系起既往经验，快速找到了当初熟悉的感觉。

这些事情跟我做项目经理时做的可行性分析、需求分析、客户梳理和执行方案，似乎没什么本质区别。最终，我用两个月时间完成了20万字，并凭此签约了某创作平台，积累起我的第一波人气。

在工作中寻找并掌握其底层逻辑，是一件相比单纯的爱憎更有用的事，它能为后续真正想做的事情，打下牢固的基础。

3. 喜欢没那么廉价，肯死磕才是真爱

正如开篇依依所说，她最初认为自己喜欢文案策划，并心心念念想要从事相关工作，后来才发现，原来自己对文字根本没有敏感性。

我想，这叫有自知之明，是值得肯定的。这并非否定后天努力的重要性。身高不足 1 米 7，并非不能挑战职业篮球；缺乏审美，也不是不能做摄影师。但若把其当作职业，那就是选择了人生的困难模式，或许，可以先尝试问自己 3 个问题：

- 你愿意牺牲更多的个人时间，将"喜欢"转化为"职业"吗？
- 你能够承受与专业人士对垒的压力吗？
- 你能够忍受多久的孤独与挫败？

其实，即便那些看起来天赋异禀的人，他们背后所付出的努力也远超我们的想象。

1997 年，15 岁的郎朗以第一名的成绩，考入了位于美国费城的世界著名音乐学院——柯蒂斯音乐学院，一位天才钢琴少年横空出世。但看过郎朗回忆录的人都知道，他今时今日的成绩，不仅源自天赋，更多还是因为童年与钢琴的死

磕。从 7 岁开始，郎朗的作息时间表就是这样的：

· 早晨 5:45 起床，练琴 1 小时；

· 中午放学回家吃饭 15 分钟，练琴 45 分钟；

· 下午放学，练琴 2 小时；

· 晚饭后，练琴 2 小时。

· 每天的练琴时间，超过 6 小时。

一到节假日甚至寒暑假他就加倍练习，每天的时间几乎全部被钢琴占据。

当我们谈及喜欢钢琴时，或许感兴趣的只是钢琴家在台上弹奏悠扬乐曲的光鲜时刻，可那只占 1%；台下 99% 的反复练习、孤独失意、全情投入，才是其常态和真相。

喜欢从没有那么廉价，若不真正了解一个行业的日常状况，那么所谓的喜欢，或许不等于真爱。

正如蔡康永所说："如果你把喜欢的事当成工作来做，那对自己是一个巨大的挑战。因为你要剖开它有趣的表象，去挖掘和研究其底层逻辑，但凡上升到了专业的角度，工作都不太让人喜欢。"

在充分了解其艰辛后仍愿潜心钻研的，才可称之为真爱。

4. 真正成熟的人，工作从不靠喜好驱动

职场上，我们经常会听到这样的言论：现在做不出成

绩,是因为我不喜欢这份工作,要是能够做自己喜欢的事情,我一定能有所成就!

请停止自我欺骗。

真相是,你做不好手头这件事,大概率也做不好你喜欢的事。

真正成熟的人,会以是否能获得成长来评判工作的好坏,懂得从中获取成就感,并真正掌握将来可迁移的底层逻辑。

真正成熟的人,从不靠喜好来驱动工作。

2.4 刷存在感的本质，是主动抛弃"职场透明人"身份

前几天去朋友老邓的公司喝茶，老邓在门口接我。一个员工本来正朝着门口走来，看见我们进来，很不自然地转身，迅速坐回到了自己的工位上。

那员工我见过几次，没见他说过什么话。我打趣老邓："员工这么怕你？"老邓摇头笑笑："也就这小子这样。他来了一年多了，一见我就躲。给他布置任务，不问就不说进展。我和他私下沟通过，人家说我平常忙，也看不见他呀……"

这话让我很感慨，创业三年来，我也遇到过类似的员工。他们似乎奉行一个原则：既然老板看不见我，那我就不主动搭理他。说什么主动汇报，不如各自清净。

其实，人在职场，聪明的员工往往会知道：主动汇报不是形式主义，它不是为公司，也不是为老板，而是为你自己。

硬核突围

1. "职场透明人"无法被感知，没有存在感

我童年时期特别内向，幼儿园老师这样评价我："这孩子很乖，安安静静的，有时进来了我们都不知道。"

很长一段时间里，我都把这句话当夸奖。但事实是，从幼儿园到小学，我几乎没什么朋友。小伙伴们打闹玩乐，我就独自站在一边默默看着。他们忽略我的存在，我也融不进去。

工作后我才渐渐明白，性格内向没关系，但若以此作为不主动的借口，就是自己给自己挖坑。

哲学家贝克莱（Berkeley）说过一句著名的话：To be is to be perceived（存在，即被感知）。放到客体心理学里，这句话指的是：在社交网络中，他人对我们行为的回应，才证明了我们所发出的"信号"是存在的。

"信号"存在，我们也才存在。

在朋友圈、微博发布动态，我们为什么会期望有人点赞和留言？因为单纯的发布动态这个举动，没有存在感。唯有收到他人的积极回应，我们才能真切体会到自己发出信号的真实感，也才会获得存在感。

身在职场，若只蜷缩于自己的小区域，做"职场透明人"，不发出信号，大概率就不会被感知——你工作努力，但没主动汇报，老板就无法知道你的价值所在，直接的影响

就是加薪升职没你的份，最坏的可能是你已工作多年，依旧一直在原地打转。

存在主义心理学家罗洛梅（Rollo May）认为，存在感是心理健康的重要标志，存在感缺失会导致无意义感，也会带来价值感缺失。

没有了存在感，很多人就无法建立与外界的联系。长此以往，容易影响心理健康，使人陷入迷茫。

2. 周期性更新，是在随时传递可控可达

在移动通信领域里，有一个专有概念叫"周期性位置更新"。能使用手机打电话、上网，简单来说，是因为有基站接收、处理手机发出的信号（语音、文字、数据），并通过若干基站接续，最终传递到对方的手机。这里有个核心关键点：网络得随时知道，大家的手机都在哪里。

周期性位置更新的设定，规定了手机必须在固定时间内，主动向网络告知自己的位置和状态。即便所处位置跟之前相比没有变化，也要定期告诉网络：我还在这里。

如果遇到进入信号盲区，或者重新开关机的情况，手机也必须在有信号后，第一时间进行位置更新，通报自身情况，确保与网络的实时链接。如此，当我们发起通话时，基站才能知道第一时间要把信号精准传递到何处。

一个成熟的职场人，同样应该自发地进行"周期性位置更新"。

上级很忙，没工夫每时每刻盯着你，但在他们心里其实都有杆秤。你和同事负责差不多的事，你什么都不说，见老板就躲；同事每天整理日报、发送例行邮件、微信群随时沟通、定期汇报项目进度……就算你俩最终拿出的结果类似，老板会更喜欢谁？

周期性更新状态，与其说是例行工作汇报，不如说是一种刷新存在感的工作态度。你在主动向上级传递一个讯息：我的工作可控，我随时可达。

可控可达，叫作靠谱。靠谱，是一个人在职场中迅速脱颖而出的重要品质。

3. 分享刷好存在感的 3 个关键点

如何刷好"职场存在感"又不会招老板反感，我想分享 3 个核心关键点，供大家思考。

（1）频度适宜

周期性位置更新，有一个专门进行控制的计时器，取值范围从几分钟到数小时。数值太小，手机频繁与基站联络，会造成网络负荷过大；反之，因更新不及时，会导致呼叫成功率下降。

职场的周期性刷存在感也是如此。

没事就到上级面前瞎晃悠，或者一两个月才出现一次，都是不恰当的。<u>具体情况具体操作，要学会找到最适宜的向上级汇报的频率。</u>

以项目举例，我通常按启动前、执行到一半、快结束前、完结后，四个时段来做总结，并结合例行周报，向上级汇报。如果你负责的是相对简单的任务，比如一周内即可完成，或只需你一个人做，那么每天以邮件的形式给上级提交一份相对正式的进度报告，会是比较合适的频率。

（2）信息精准

周期性刷存在感，具体刷什么内容？仍以例行汇报为例，很多人发日报或周报，只是套一个模板然后复制、粘贴。

著名主持人马东曾讲过一个故事。他在爱奇艺时，直接向首席执行官龚宇汇报工作。龚宇时不时会问他，很早以前你说的那个方案，现在怎么样啦？你现在的说法，跟以前不一样啊……

马东很惊讶对方记性怎么那么好，后来才知道，龚宇是清华大学自动控制理论及应用专业的博士，据说开发了160多种电子邮件的不常用功能。他把马东的每一次邮件汇报内容，都做了自动整理和备案归档，便于跟进和对比。

马东感慨道："例行汇报对老板来说，其实是个留档。所以，千万别以为它只是例行工作，老板也不一定看，就可以敷衍了事。"

越是例行工作，越追求信息精准、方案切实。别什么都写，也别流于形式。

（3）注意场合

何谓场合思维？在公开场合，说大家都关心的事；在私密场合，说解决自身问题的事。

场合不对，一切白费，甚至会适得其反。

刷存在感是一件特别需要场合思维的事。你要心中有度，分清楚什么时候说，什么时候不说。比方说，老板在批评其他组的同事时，就算你们组的阶段性工作取得了再好的成绩，也还是缓一缓或者用邮件形式告诉老板，这样能避免组与组之间的矛盾；而且老板正在气头上，如果不是他主动问，又何必上前，万一不小心也惹火烧身呢？

困难、诉求最好私下说，当着全部门人的面，不管不顾张口就提，上级是解决还是不解决呢？

既让自己被充分看见，又要懂得因地制宜，才能刷好存在感。

4. 别做透明人，要主动去刷存在感

我上周参加了一个创业研讨会，主持人问了一个问题："90后员工中，你最看重的特质是什么？"

一名创业者的回答获得了全场最热烈的掌声："我最看重的是工作的主动性，也就是自驱力。这种人会自己找目标，不需要我'煽风点火'。我唯一需要做的是给他们提供粮草、舞台和高薪。"

职场上，如果你不想一直在原地打转，请记住：就算老板很骄傲，不爱搭理你，你也别做透明人，要尝试"主动理他"，主动上前去刷存在感。

硬核突围

2.5 黑暗人格的同事都该开除，没有例外

1

我去表弟家借书，正碰上他跟十来个90后朋友烤肉。于是我顺势坐下加入他们，听了一夜年轻人的吐槽，也知道了一个词：黑暗人格。

"我隔壁的杨姐就是典型的黑暗人格。"1994年出生的朱骁先挑起了话题。杨姐今年39岁，是公司的老员工。最近两个月，每个周三和周五下午，她都会提前下班。

"前天我们接待一个重要客户，一直忙到16点20分，她直接当着客户的面说，'我得接孩子，要先走'，说完就拿起包走了。客户还打趣我们老板，'这是你的助理，还是你的老板啊'？

"因为她没有听完下半场，所以说好是她负责的文案，就变成了我的任务。你们能体会我当时的心情吗？"朱骁一脸的生气和无奈。

第二天上班，杨姐被老板叫到办公室。出来后，她愤愤

不平地嚷道:"正常五点半下班,我也就提前了一个小时下班。规定是死的,人是活的,我以前为公司卖命的时候怎么就不记得?这公司里有多少人上班时间打游戏,不管他们,凭什么单单盯着我啊!我家老人刚出院,腿脚不方便。我不就这个月早走了几天吗?老板是不是上没老下没小,怎么会这么没有同情心?!"

因家庭变故习惯性早退,你弱你有理?

2

表弟的同学晓红也接着说了一个自己的故事。她在一家新兴科技公司做产品经理,平时比较忙,同事安吉拉和她交好。安吉拉前段时间失恋了,不仅自身工作效率大打折扣,还天天拉着晓红倾诉个不停。

晓红碍于私交及同情心泛滥,从未明确拒绝,结果她不仅要充当安吉拉的"垃圾桶",还得帮她料理工作上的事,经常下班后被迫接着加班。这种情况持续了三天,安吉拉又在上班期间哭哭啼啼求安慰,晓红实在忍不住说:"现在上班呢,没空听,要不咱们晚点儿再说?"

大约没想到一向温和的晓红突然强硬,安吉拉瞬间愕然且委屈。"人家心里难过,根本无心工作,就是想找人说说舒缓一下,你都不能体谅我吗?我到底做错了什么?都说职场上没真朋友,我一直以为咱俩是好姐妹,原来你竟是这样的人!"

晓红气得一拍桌子站起来,将手中正在整理的资料一甩:"我是怎样的人?你看看这些天我做了多少,你做了多少?你的工作以后自己负责!"

晓红怒火攻心,这种人真是自私得过分了,眼里除了自己,好像根本看不见别人!

3

我想起自己还是新员工时,也遇到过类似的困境,却没有晓红这种直接反击的勇气。当时同组有好几个老员工,总喜欢在白天玩游戏、刷微信,下班后才开始工作。其中有一个人还"好心"教我:"要想职场混得好,你要学会两点,一是多向老板展现自己,加班就是很好的方式之一;二是别傻乎乎地只知道干活。"

他进一步解释说:"白天八小时,公司已经支付了工资,中规中矩别违纪,捞到手就行;晚上另有加班工资,你看,这不就创收了吗?"

然而,相比晚上加班拿钱,我更愿意按时下班,去做自己喜欢的事。因为我们的工作需要相互配合,所以他们白天不干活,晚上积极加班,迫使我不得不跟着一起加班到很晚。

利用工作时间，堂而皇之地去办自己的私事，正是心理学上"黑暗人格"的表现。 这类人的典型特点是寄生利己主义、薄情寡义，以及自认为高人一等。用更通俗的话讲，就是爱占便宜，凡事只考虑自己，漠视规则。

国外一家职业研究机构曾对 273 名雇员做过一次匿名测试，测试结果表明，黑暗人格指数越高的人，越容易毫无负疚地摆脱工作事务。拥有这种特质的人往往缺乏悔改心，因而也不太在意被抓包。

4

每每提及职业敬畏，总会有人宣称人性管理、宽容自由才是一家好公司该有的修养，最爱拿来佐证的例子是排在最佳雇主前列的谷歌公司。的确，谷歌上班不打卡，没有关键绩效指标，办公室里有健身房，可随时茶歇，员工甚至还能在公司带娃和遛狗。看上去谷歌员工似乎都能干私活，但多数人不知道的是，谷歌的宽容与人性是建立在更严苛的筛选机制上的。

谷歌从源头解决了问题：每一个应聘谷歌的候选人，要经过至少 6 个面试官审核，所有面试官的标准极为统一：剔除工作积极性与学识不如他们的人。

谷歌创始人拉里·佩奇（Larry Page）曾骄傲地说：我

们招聘的员工都是最聪明、最努力的人,为什么要派人去管理他们?

事实上,谷歌推行了比关键绩效指标更严苛的目标与关键结果管理体系。换言之,我们不对员工设置条条框框,但你们必须拿结果来说话。

谷歌的人性与宽容,只留给那些足够努力、高效、责任心强,且真正能拿出成绩的人。所以,羡慕谷歌而抱怨自己公司不人性的人,又是否做到了自觉与对自我的严苛呢?

开会期间总是不断翻看手机;办公电脑屏幕总是出现购物网站、股市K线图、微信私人聊天界面;和同事在办公区嘻嘻哈哈或窃窃私语;办公室内长时间煲电话粥……

<u>这类行为暴露出的不仅是不自觉,还有不合格的职业素养。工作时间里,你对待私事的态度,决定了你能达到的高度。</u>

5

知乎上有一个问题:"中国人成熟的标志是磨去棱角,美国人成熟的标志是找到个性。这句话靠谱吗?"

下面的高赞回答是这样的:"真正成熟的人是懂得收起棱角,但是不代表被磨平了。虽然西方尊重个人价值的实现,但对于团队精神和合群也是很重视的,不能把西方的

'尊重个性'放到'讲究团结'的对立面。"

<u>棱角锋利，不懂收敛的人，往往习惯以自我为中心，没有考虑过这样做导致的坏影响。</u>

马云曾在 2017 年湖畔大学的开学典礼上讲过一个企业用人观的事例。在阿里巴巴的 18 位创始人中，有一个人是马云从硅谷带回来的，他也一度做到了副总裁。但后来，这个人成为阿里唯一被开除的创始人。

马云解释道："他总是喜欢叽叽歪歪，从不做事，就喜欢夸夸其谈，永远不做决定。"

戴夫·安德森（Dave Anderson）在他的书《势不可挡》（*Unstoppable*）里，将职场人分为四类：朽木者、敷衍者、守成者、破局者。阿里巴巴的那位创始人就是明显的"朽木者"，他曾经有技术、有见识，也能创造出高价值，但之后展现出的自私的自我品质，对破坏企业文化、扭曲价值观和品牌信誉的影响不可估量。

<u>心理学上有链接效应，指人们在一起时会因为相互影响而发生改变，强调相互影响的作用，以及环境对人的影响。</u>

职场就是道场。无论自己有多少不满，在进入办公室的那一刻，都应该用平和的模样去对待工作和同事。就像舒仪在《格子间女人》中写的那样：<u>无论职场还是感情，都要替别人着想，为自己活着。</u>

<u>真正的成熟，是尊重个性的同时，尊重工作；是表达自</u>

己的同时，不影响别人。

6

未来学家弗里德曼（Thomas Friedman）在《世界是平的》（The World is Flat）一书中说，21世纪的核心竞争力是态度。

敬业和乐业就是职场人最好的态度。

1922年，思想家梁启超在其题为《敬业与乐业》的演讲稿中写道："人类一面为生活而劳动，一面也是为劳动而生活。认定一件事去做，便是人生合理的生活。这叫作职业的神圣。凡职业都有趣味，只要你肯继续做下去，趣味自然会发生。人生能从自己职业中领略出趣味，生活才有价值。"

电影《穿普拉达的女王》（The Devil Wears Prada）中，玛琳达（Miranda）给安迪（Andy）布置工作，安迪做错了就要被骂。安迪忍不住向同事抱怨，同事说："在这里，更多的人是因为热爱这份工作而承受压力，而你是被迫的。你怎么还能抱怨她为什么不亲吻你的额头，每天给你的作业批个金色五角星？"

一语惊醒梦中人。安迪对"热爱"有了重新认知，随之行动，最后收获了美丽人生。

很多人往往过度强调自己的"打工者"身份，他们潜意识中认为，公司又不是自己的，能在工作中办点私事，那自然是赚到了啊。可是扪心自问，坐在办公室里的老板们，真的比你傻吗？

即便能一时蒙蔽，你的怠慢最终也会被实际工作绩效所出卖。

唯有充分具备敬业乐业精神，对职业保持敬畏之心的人，才可能最终脱颖而出。

佐佐木常夫在《坚强工作，温柔生活》中告诉我们，现在的职场并非是最后的职场，请磨炼出一些即使跳槽到其他公司也能通用的技能吧。

网上曾有这样一个帖子。某博主发问，到底什么是真正的成熟呢？我问上小学的侄女，她说，成熟就是年纪大了。我问我的同龄人，她说，做事知道分寸，会为别人考虑。我又问了一个忘年交，他笑了笑没说话。可我觉得，这就是我想要的答案。

工作是最好的修行。

少干些私活，多换位思索；少说些抱怨，多磨炼技能。明理不多言，智圆行方，便是真正的成熟。

硬核突围

2.6 "加了一夜班，我弄丢了 77 万元"

世上最令人心塞的事，不是从未得到，而是得而复失。而且，原因还不在自身，在于不公平的规则。

1. 好老板不会制定蠢规则

有网友在社交网络上发帖声称，一名程序员同事在年会上中了一份价值 77 万元的超级大奖——公司股票。但他因人在公司加班，未能到现场参加年会，被取消了获奖资格。事后，有知情者爆料："一、二、三等奖，无论获奖者在不在现场都发。但股票大奖老板已提前说了，只发给现场的人。"

网友们在评论区议论纷纷："因工作不能到现场，凭什么就不能拿到奖？""勤勤恳恳工作也有错？"

不患寡而患不均。<u>为照顾现场的大多数人，选择性地忽略了不在场的少数人，这本身就存在问题。</u>

当晚 11 点多，被取消资格的获奖者更新微博说："心态崩了，感觉明天要提交离职申请了。"

公司舍得给员工发大奖，是有格局的体现，值得点赞。但若规则设置不公，则只会挑起矛盾，甚至令员工寒心，这就适得其反了。

真正有智慧的好老板，绝不会制定蠢规则。

2. 规则制定的背后，考验的是管理者的智慧

朋友老郑在一家大型企业做服务部门总监，他跟我吐槽在年会上新任首席执行官看不起人，有自己的"鄙视链"。

具体是怎么回事呢？

年会晚宴上，大家依次给首席执行官敬酒。销售团队去敬，他很爽快，一饮而尽。轮到服务团队，他却只抿一小口意思意思。老郑愤愤不平："喝酒也就罢了，评选各种奖项，至少八成都给了销售部。首席执行官在台上讲话，开口闭口都是'我们销售，你们服务'。这是干什么？搞分裂啊？"

其实，这位首席执行官的心态并不是个例。"又签下1亿元大单"和"辛苦大半年，项目顺利验收"，哪一种业绩更抓人眼球？显然是前者。

在绝大多数公司，销售的地位举足轻重。在很多老板心中，只有销售在赚钱，其他部门都在花钱，是销售养活了公司。于是，老板们就从实际的角度，按照对公司的"贡献

度"来决定对员工的态度。只是，虽然业务是靠销售拉来的，但如果没有服务团队支撑，客户满意度从哪里来，项目又怎么顺利回款闭环？

聚光灯打在台前，就看不到后台人员的贡献。

忽略幕后功劳，这真是一种要不得的偏见。哪怕同一工种，若老板按照显性价值区别对待，同样不理智。

我在前公司时，主要负责电信运营商的业务，被安排去带领联通团队。刚开始我有些犹豫：从公司收入占比看，移动团队的贡献高达80%以上，联通只占10%左右，这是客户群所决定的，很可能会影响我的团队的绩效考评。

上级看出顾虑，笑着对我说："放心，考核不考虑利润高低，会一视同仁。"年终时，他果然兑现了承诺，给我们的绩效并没有低于移动团队。

年后，我更加踏实地带领我的团队，继续攻坚作战。

规则制定的背后，考验的是管理者的智慧。我的前领导做出了极好的示范。

3. 规则制定的核心，是最大化激发员工活力，确保公司高效运转

在一次公开演讲中，逻辑思维公司的联合创始人脱不花曾分享如何通过制定规则来"玩公司"。脱不花称，公司定

第二章
硬核逻辑：向下扎根摆脱内耗，专注深耕持续成长

有三大规则：

第一，没有上班的起止时间、没有打卡机；

第二，除创始人外，没有层级；

第三，除财务部外，没有部门。

逻辑思维创始人团队一致认为：**打卡机是管理者的耻辱，意味着你没有能力管住员工的注意力和情绪，而只能管住他们的肉身。**与其如此，不如将自由度交还员工，让他们自我管理。只需协调好作息时间，按时完成工作任务即可。在公司内部，创始人没有单独办公间，倡导扁平化管理。每个人没有固定座位，可以根据自己的喜好及项目需要，随时更换座位。彻底打破部门墙，更有助于高效沟通。

为确保自我管理得到有效贯彻，逻辑思维设立了"节操币"制度。即每个员工每月可获得 10 张节操币，每张相当于人民币 25 元，可用于周边合作店铺的消费。但节操币不能自己使用，只能赠予其他同事，且必须公示原因。每年收到节操币最多的员工当选节操王，将额外获得 3 个月月薪的奖励。

因为需要公示，所以最大化杜绝了人情票的可能。节操币的流向非常真实地反映了某个员工的协作水平与工作效能，营造了一种积极正向的工作氛围。

在逻辑思维，员工平均每天工作达到 15 小时，却罕有人抱怨。究其根源，无疑是其制定的自主规则，最大化激发

了员工的活力和主动性，让他们觉得即便加班也甘之如饴。

4. 好的规则，应遵循三个关键点

规则从来不是原罪，引发矛盾的是不公平的规则。从企业角度看，一份好规则，无论大小，应遵循如下三个关键点：

（1）覆盖全员，不搞特例

这一点真的很关键。我的好友小孟姐最有经验，她已是两个宝宝的妈妈，每次买吃的、玩的，她总是大小宝各一份。

"只买一份？那不是制造矛盾嘛！"公司制定规则，自然也是同理。搞抽奖还分在不在场，这究竟是发福利，还是找个由头逼员工离职？

（2）可达且可量化

公平的规则，必须可达又可量化。

可达，是指这不是一个好高骛远的目标，或者镜花水月的画饼，一定是经过努力，踮起脚尖跳一跳就可以够到的。

可量化，是指规则没有歧义，不是含糊其词，而是有明确的数字界定，客观清晰。例如，简单对比下面两句话：

"今年做得好的话，给你加工资。"

"今年的目标是销售额增长20%，目标达成，全员涨薪15%~30%。"

第一句便是明显的不可达又不量化。什么叫做得好？业务翻倍吗？还是要做到行业头部才能加工资？加多少？100元还是1000元？

相应的，第二句就<u>务实得多，也更能激励员工的积极性</u>。

（3）言出必行，杜绝朝令夕改

古语说，君子一言，驷马难追。我前两天在某互联网论坛看到一个吐槽帖。网友称自己在年会上抽到一台苹果电脑，却因为已提交离职申请，人力部门要求其返还中奖电脑，才可办理离职手续。

这就是典型的"出尔反尔"。

年会发奖是公司团建活动所需，离职是员工个人行为，它们本是两个独立事件。人力部门将其混为一谈，要求离职员工返还电脑，这过于小气，亦不职业。

<u>但凡有智慧的老板，都懂得这一点：若规则不公平，必引来不必要的噪声</u>。

弊远远大于利。

他们当然更懂得，<u>所有大小规则的背后，透出的一定是这家公司的格局</u>。

2.7 聪明的职场人，都不会把"当上管理者"视为唯一的职业目标

1

2018年高校毕业生薪酬排行榜在网络公布后，引发了网友热议。针对"理学和工学类专业薪酬较高，农学、法学和管理学较低"的说法，网友们的留言炸开了锅。各路评论中，有一句话让我印象深刻："只谈什么专业薪酬高都没用，过两年来看，拿到最高薪酬的铁定是管理者。"

这话跟某些媒体鼓吹的"30岁还做不到管理岗，就没了希望"倒是异曲同工。

工作了几年，手下要不管着几个人，似乎就证明做得不够好。这种"管理工作比具体业务工作要高级"的偏见是怎么来的我不知道，但这绝对是认知上的一个误区。

过年时我们前同事聚会，老马说他辞职了。老马是技术专家，之前就推却过两次升职，理由是还年轻，需要磨炼。事实上，是他清楚自己的短板，很不擅长处理人际关系，所

以做不来管理。"一堆协调汇报，部门每个人的进度都要跟，开不完的跨部门会议，哪一个环节都不能出岔子。天天头要炸了……"

老马这次是推无可推，工作已 8 年，在整个部门中资历最深，业务最硬。上级要高升，急找接班人，多次找他推心置腹地谈话，老马不得不硬着头皮接下这份工作。"我老婆说 21 天就能养成习惯，叫我忍一忍。可怎么忍？这么多年，我只用干好自己的活。现在，一会儿来一个汇报。上面催，下面拖。管人太累了，搞不来。"

老马在升职的第七天辞职了。之后降薪到了另一家企业，继续干业务岗。

聚会席上，有人觉得可惜，但我们更多人觉得老马足够聪明与清醒。就他的业务能力与死磕程度，后期涨薪不会有太大问题，而最重要的是，他现在工作舒心了。在一个完全无法胜任的岗位勉力支撑、无所适从，还不如找一个游刃有余的岗位，持续一展所长。

知道自己的能力边界，是每个职场人的必修课。

2

美国学者劳伦斯·彼得（Laurence Peter）曾提出："在各种组织中，领导者常因习惯去提拔某个等级上称职的人。因而，雇员总是趋向于被晋升到其不称职的地位。"这就是著名的彼得原理，道出了阶层制度之谜：员工要提升到某一级别的职位，必须在下一级职位中任职达到一定年限，然后逐层向上提升。最后，大概率会像彼得推导出的那样：很多领导职位由不能胜任的人担任。

阿里巴巴从一开始就把雇员分为P岗和M岗。P，即Professional，专业岗；M，即Management，管理岗。

一个技术大牛最高可以升到P10，薪水或许能远超管理岗。他只对具体结果负责，不用管人。

管理岗员工从进公司起就专注于各项管理技能的提升，最终成长为公司需要的管理人才。

两种成长路径分开，只为人尽其才，各司其职。

"不想当将军的兵，不是好兵。"这话在很多情况下是不错，但放到职场，却不一定对。有的兵，天生就是特种兵，未必适合运筹帷幄，比如许三多；有的将，高瞻远瞩，从不墨守成规，只当个兵就可惜了，比如李云龙。

适合的才是最好的。"管人的"，不见得比"做事的"更高级。

真正聪明的公司，从来不会单一地把晋升为管理者当作激励。个人更不应该把当上管理者视为唯一的职业目标。

3

戴尔公司亚太区前销售总监张思宏曾提道："很多人到了中年，处于企业中层的一个普通管理岗，处境就会比较尴尬。他们已经无法适应公司的快速发展，却是公司最昂贵的人事资产。当行业下沉、公司业务收缩，或是发生重大变动的时候，他们会很容易被当成包袱甩出去。"

这真是扎心的大实话，戳中了不少人的现状——毕业时拼劲十足，指哪儿打哪儿；几年后得偿所愿，晋升到中层管理。从此斗志与进取心双双消磨，加上年岁渐长、家庭在后，开始逐步松懈，最终停滞不前。

有人以为拼力保住位置便万事大吉，这绝对是致命错觉。<u>职场上能让你安身立命的，从来不是岗位，是你能为公司带来什么。</u>

尚飞工作 12 年，历任技术工程师、技术总工程师、部门经理，之后做到大区服务总监。3 年来，年年荣获优秀管理者。

他说："我没把从做事到管人看作是晋升，我更愿意视为一次转岗。做工程师，专注技术细节；做部门经理，专注部门绩效，带领团队冲锋陷阵。二者没有高下之分，只是分工不同。所谓合不合适，跟你愿意付出多少努力去改变有关。"

若有心从技术岗转管理岗，就不要只停留在幻想层面。

硬核突围

期待上位后很多能力自然就会解锁,这是妄念。正如从服务转销售,一定需要恶补销售知识。从普通员工转变为管理者,除了视线由自身调整为团队,演讲、沟通、谈判等软性技能也都要掌握;人员管理、过程管理、绩效制定等监控手段,都要相应进行刻意练习。

不把当上管理者看作晋升,而应只看成转岗,这会让我们更理性地对待"升职"。

何况,没有什么岗位是绝对安全的。无论你是做服务、销售、产品还是管理,都并非绝对安全。

<u>能为公司持续带来价值的人,才不可替代。</u>

<u>始终保持旺盛的前进动力,提供稀缺价值,吸引人们为你持续买单,才是真正的"万事大吉"。</u>

4

网上有句话:"未来的时代,是一个彰显个性的时代,是一个大多数人都会努力尝试、把自己的才华当饭吃的时代。"相比于20世纪传统的工业时代,未来职场中,人才的话语权与自主权的确会大得多。

<u>所谓岗位区别,将愈发不重要。</u>

公司与个体的关系,或许更像是平台与手艺人的合作。<u>只要自身硬,哪里都有铁饭碗。</u>

2.8 成年人的社交真相：你在别人心中什么位置，要看他给你备注什么标签

1

前些天，一个一年多未联系的好友突然给我发信息。我激动地点开，发现对方只是让我帮他在朋友圈点个赞。我回了他一个问号。待晚上时，他来信表示抱歉，说消息是群发的，发现给我备注的标签打错了。

而我微信上的另一名好友，相识于几年前的一场线下书友会。她非常欣赏我的文字，我们有一段时间聊得很投机。后来，或许是各自奔忙，便渐渐断了联系。不久前，她给我发消息，是一长段的广告加一篇公众号文章，说她最近在卖酒，有免费赠送，让我转发公众号文章给三个朋友，就能领取赠品。从她的语气措辞来看，之前那个跟我聊小说、谈写作的朋友似乎已经消失不见，不过，也极有可能是因为她也给我备注错了标签。

网上曾流传一个有关久别重逢的段子：

硬核突围

多年不见的朋友突然和你联系了，你一般会怎么想？

如果你是学英语的，突然有多年未见的同学加你好友，多半是有文件要你翻译。

如果你是学设计的，突然有多年未见的同学加你好友，多半是有标识要你设计。

如果你是学医的，突然有多年未见的同学要加你好友，多半是他有亲戚要住院了。

如果你什么都不会，突然有多年未见的同学加你好友，多半是他要结婚了。

……

究竟从什么时候起，成年人的友情，变得只剩下了实用价值？

微信朋友圈里没有朋友，只有"流量"与用户。

原来，我们之间最远的距离，并非我爱你而你不知道，而是当我饱含深情地说出一句"好久不见"，你却秒回了一张收款二维码，让我快扫。

2

在内心深处，我其实并不讨厌在微信推销的人。

只要不坑蒙拐骗，不违法乱纪，所有努力都是值得被看见的。比如有一位朋友，她从添加我的那一刻起，动机就十分纯粹,每次发来的消息都是广告,就只是想给我推销产品。

春去秋来,她已经换了三种产品,在我不断严词拒绝的情况下,她依旧热情满满,百折不挠地做营销。我被这种职业精神所打动,打算一直看着她努力下去,因此没有删除她。而她,也从未放弃过我。这是个例,因为她只是一个陌生人,但如果曾经是朋友,忽有一日变成这样,就难免产生落差。

朋友小晴说过一个故事。

她有一个以前玩得挺好的闺密,突然把她拉进一个时尚买手群,告诉她通过这个群里分享的链接下单,便宜实惠,能省很多钱。小晴非常高兴,出于对闺密的信任,一次性买了口红、面膜、水乳、靴子等物品,总共花费一万多。等到实际使用时,她发现那些化妆品根本不是正品,靴子才穿了几次就脱胶了。

群里投诉声四起,小晴这才知道,原来闺密是某平台的代理商。大家通过她的链接购买的每一单,闺密都可以赚取50%的高额利润。小晴生气地打电话质问,闺密起初装出一副惊愕模样,连声说不应该,后来看骗不下去了,就又说自己的日子过得艰难,希望小晴谅解。

小晴想到因信任而花出去的一万多元,悲愤交加,将闺密拉黑,从此不再往来。

成年人的生活,自然没有容易二字,但为了挽救一地鸡毛的生活，透支往日情分，这笔买卖是否划算呢？

3

在网络上有一个很火的词——"私域流量"。

这是一个跟"公域流量"相对的概念，二者最直接的区别就是，你能否多次、不受限制地触达你的目标用户。它就像是你圈起来的一方鱼塘，只要精心养护，你和"鱼苗"间就会有很大的黏性。向私域流量进行售卖，安全、可靠、转化高、变现快、门槛也低，所以越来越多的人都纷纷加入了这场圈地行动。

私域流量经营者们入门的第一个操作，便是在微信上给通讯录好友们分门别类地贴标签。仿佛一夜之间，我们衡量自己在别人心中位置高低的唯一标准，变成了别人给我贴的是什么标签。

我看过一个微商大佬的微信，她将自己的好友首先分成几类大标签："发展中""付过一次费""复购""代理商""大金主爸爸""潜在合作资源""其他"……还有一些小标签，上面清晰标定了这些人的来源、兴趣，诸如属于某社群成员，是某产品爱好者，来自某兴趣群体，等等。

看完她的标签分类，叹服之余，我非常有自知之明地问："所以我在你微信上，应该属于'潜在合作资源'或者

'其他'吧？"

微商大佬敲了敲桌上平铺着的六部手机，平静地看了看我，摇头说："我的'其他'是待审核的人，就是我还没来得及判断他们是否具备转化潜力。你在我的第十一个小号上，没打标签，那个号我不怎么用。不过可以再等等看，没准将来有机会合作呢。"

那一瞬间，我觉得自尊受到了强烈伤害："你凭什么直接就把我打入冷宫？哪怕试一试，说一说营销话术，万一我很好转化呢？这对我可真不公平啊！"

但这位微商大佬话里话外都在告诉我："你对我没用，还不值得我为你专门留个位置、贴个标签。"

比被朋友套路更扎心的莫过于此：对于你，我都懒得花时间营销与转化。因为在我眼里，你没有付费价值。

4

某次知识分享活动中，我认识了一位专门教"朋友圈成交术"的专家老吴。老吴的课讲得很精彩，他上来就表示："朋友圈是第一自媒体，远比什么公众号、头条号、百家号等重要多了。"

课程结束，我俩加上了微信。他可能看到了我的卡通头像，觉得有必要来教教我，就给我发了很长一段话："你朋

硬核突围

友圈的背景图应该好好设计。要信息量充足，关键词清晰，还要展现相应的背书。你的昵称应该加上鲜明的身份标签，比如像我这样'老吴·朋友圈成交专家'。你的头像不能用卡通，应该用真人形象照，这样会更有说服力。"

最后，他总结道："总之一句话，你得让人第一眼看到你，就知道你是干什么的，知道你凭什么可以干这件事。不管是平时发朋友圈，还是在社群里发言，你都得立好这个人设，一言一行，都得往这个方向去靠。"

我想了想说："这样做确实很专业，但会不会显得太功利了，以至于缺少温度，不好接近？"

老吴笑着回："你会这样想，是因为你没有把生活与工作区分开。对我来说，朋友圈营销就是工作，我以此为生，我只需要在这里呈现专业的一面。但我也有另外的账号，用来承载你说的温度。"

我一边点头，一边默默翻阅着老吴的朋友圈。里面记录的内容的确都是工作，例如如何玩转朋友圈成交的碎片化干货分享，以及他的成功案例。

我原本敲了一段话，说希望有一天可以围观一下你的温度，但在看完他朋友圈的内容后，我删除了这句话，对他说，预祝咱们将来合作愉快。

老吴很快回了个笑脸："合作愉快。"

我于是给他贴了个标签：合作伙伴。

<u>或许，一开始就保持界限感，清晰定位好自己的位置，会更容易经营好一段特定的关系。</u>

5

我的微信目前已经快满员了。

我不知道我的好友们都给我贴了什么标签，在他们心里，我又代表着什么身份。是流量，还是一个鲜活的人？是有用，还是无价值？不过，这似乎并不重要了，因为当这已经变成一种趋势或潮流时，最好的方式当然是与之和解，好好接受。

毕竟，有一天我惊讶地发现，连我妈都学会了贴标签。

那天，她高兴地举着自己的手机，对我说，我给你加了个标签。我拿过来一看，她给我的标签是"亲爱的儿子"，我哑然失笑："你搞这个干什么？"

我妈说："这样我有时发朋友圈，就可以只给你一个人看了。"

3

硬核行动:

知易行难,才更要"行而不辍"

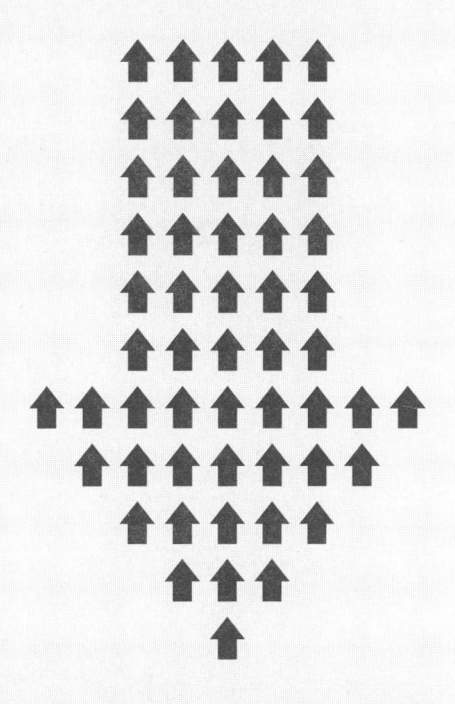

第三章
硬核行动：知易行难，才更要"行而不辍"

3.1 真正厉害的填坑力是什么样的？不服就干，转危为安

网络上曾经有一个很火的段子：

"请问你面试哪个岗位？"

"视频剪辑。"

"以前有过什么相关工作经验？"

"我剪辑过2019年北京卫视春晚。"

"你被录取了。"

段子背景是大家熟知的北京卫视春晚主持人某演员被直接删掉的事件。

央视春晚是现场直播，各地方卫视的春晚均是提前录制的。当时聘请了某演员做主持人的北京卫视万万没想到，晚会刚录完，某演员的人设说崩就崩。

重录？掐指算算时间、艺人档期、经费投入，不可能！当全国人民都在等着看北京卫视如何应对时，北京卫视只能后期剪辑掉相关镜头，在正式播出前，完成所有剪辑工作。

最终这台晚会在大年初一晚上，以11.42%的收视率勇

|↑↑| 硬核突围

夺冠军，超过了一向排在榜首的湖南卫视将近 5 个百分点。

网友评论："北京卫视史上首次，在春节期间，用一台晚会的时间只奉献了一个节目——大型魔术表演《今夜你会不会来》。"

有人分析，如果主持人串场时间算 1 小时，1 小时有 3600 秒，1 秒 24 帧。那么后期工作人员需要逐帧删掉某人镜头，大家算下有多少工作量？

职场道路千万条，不掉坑里第一条。面对处处是坑，填坑力少一点都不行。对于本次应对，北京卫视交出了完美答卷。填坑事件背后，至少有三点值得我们思索。

1. 把握核心诉求，及时调整修正

《射雕英雄传》里有一段情节，讲的是郭靖带领蒙古军队在军营布防，想要一举擒获武功高强的西毒欧阳锋。计划方案是：在其必经之路上挖个大坑，遮掩好，再烧一锅滚烫的热水。待欧阳锋跌落坑内，众人齐浇水，就算烫不死他，也足够把他弄伤。

但真正实施起来是什么样子的呢？欧阳锋确实掉进坑了，但因为天气寒冷，水却一时半刻烧不开。郭靖等人顿时陷入无头苍蝇般的慌乱，躲在暗处的黄蓉只好立即指示：倒水！

哗哗而下的水，迅速结冰，欧阳锋被牢牢封在了冰里。

郭靖此举的核心诉求是抓住欧阳锋。用热水或凉水，从结果看没有差别。

回到北京卫视春晚，其核心诉求是为观众呈现一台完美演出。任由不合适的人继续出现在主持人的位置上显然不妥，抹去他的镜头才是最佳处理方式。在这个节骨眼上，所谓"完美"，首先是修正态度上的完美，而不是主持人互动减少是否突兀，或者剪辑技术是否完美。

"新春佳节，不让全国观众看到负面形象"，抓牢这一点，就赢回了观众的心。从最终收视率和一片欢乐的叫好反响来看，北京卫视已经完美达成诉求。

2. 危机的背后藏着良机

美国亚拉巴马州的一个小镇，有一座高大的纪念碑。碑上刻着一行字：深深感谢象鼻虫在繁荣经济方面所做的贡献。

象鼻虫本是农田害虫。1910年，虫灾席卷亚拉巴马州，棉田尽毁，颗粒无收。棉农们不得不尝试种玉米、大豆、烟叶等作物求生，结果经济收益比先前单种棉花增长了4倍多，亚拉巴马州从此走上繁荣之路。

悲观者只看到困境，乐观者则能保持良好心态，看到潜在转机。

硬核突围

在《杜拉拉升职记》里,杜拉拉的上司罗斯(Rose)考虑不周,令公司装修预算超额。于是她提出减少房间、翻新家具来节省预算。在装修讨论会议上,罗斯故意给杜拉拉挖坑,说减少房间是杜拉拉的主意,并请她解释。杜拉拉通过数据结合实例,让大领导李斯特颇为满意。后来,罗斯又借口身体不好,将装修这块烫手山芋丢给行政组的三个人。

李斯特找到麦琪和杜拉拉,说需要一个负责人,麦琪不敢接,杜拉拉则说:"我试试。"之后,杜拉拉周旋于各部门和装修公司,时不时还要应付麦琪制造的难题。经过一番折腾和努力,项目圆满完成,为其日后的升职加薪奠定了基础。

在北京卫视春晚事件中,主创团队显然也敏锐地看到,虽然事态危急,但从全民娱乐角度看,这无疑也是机会。因为观众的聚焦点,一定会从原先对节目的期待,变成"我看你到底怎么藏他"上。

重水复疑无路,柳暗花明又一村。危机的背后往往也藏着良机。

填坑力,有时候就是最强的职场战斗力。

3. 越未雨绸缪,越能亡羊补牢

北京卫视如果没有时间、预算、档期等方面的阻碍,最佳补救办法,当然不是粗暴地剪辑。但仔细想想我们的职业生涯，哪里能找到这样的理想场景？

方案被打回，交稿时间迫在眉睫，全部推倒重来？项目出现问题，客户不满意交付结果，另起炉灶从头开始分析？

不可能！没有人会允许和容忍你这样做。所谓不计代价，从来都是个伪命题。

美国 ABB 的原董事长巴内维克（Barnevik）曾说："一个企业的成功 5% 在战略，95% 在执行。"

真正的职业化，是事前未雨绸缪，事后亡羊补牢，不折不扣地执行，达成目标。

电影《穿普拉达的女王》里有这样一个情节：顶级杂志社主编玛琳达即将举办一场慈善晚宴。她要求在晚会前，首席助理艾米莉、第二助理安迪要将来宾名单背熟。

此举是为了让所有来宾觉得，玛琳达能清楚地记得每一位贵宾。

晚宴上，玛琳达与一位嘉宾寒暄后，另一位男士带着一位女士也朝她走过来。关键时刻因感冒导致状态不佳的艾米莉忘记了对方的名字，她吞吞吐吐，说不上来。嘉宾越走越近，情急之下，旁边的安迪凑上前去告诉玛琳达，事情才得以顺利进行。事后，安迪取代了艾米莉首席助理的位置。

领导出难题，关键时刻队友不给力。这种情况，我们也常常遇到。

假设安迪没有记住全部嘉宾的名字，关键时刻不能顺利

> 硬核突围

说出,按照玛琳达的个性,作为助理的她和艾米莉肯定要立马卷铺盖走人。

<u>真正厉害的填坑力,是填得了坑,也具备防止别人给自己挖坑的能力。</u>

未雨绸缪,随时做好填坑的准备;把握每一次机会,在曲折中走出坦途。填坑力,拉开了人与人之间的差距。

有些人甘愿被困住,有些人则逆境求生。

<u>一个人的填坑能力有多大,前景就有多宽广。不服就干,方能在坑里寻找到向上攀升的机会,转危为安。</u>

愿你每一次跌进坑里,都能找到梯子爬出来。

3.2 "公司开了半年,员工走了一半"

2016年,我裸辞、开始创业。今天坐下来复盘,感觉千头万绪:业务调整多次,员工换过几茬。背着创业者身份的我,似乎才刚刚开始真正找到一点点创业者该有的感觉。

曾有人问我,创业以来,面临过的最大危机是什么?答案我想了又想,不是招不到人,不是连续丢单,甚至不是资金链断裂。

尽管以上这些,我都遇到过。

首先跑进脑子的,是<u>公司刚开半年,遭遇了一场集体辞职事件</u>。对我而言,它既是我创业迄今为止遇到的最大危机,也是我思维升级的转折点。

1."他们为什么要一起走?"

当前合伙人老杨第一时间告知我这个消息时,我是懵的。

当时我正跟一个客户谈合作,他的电话打过来:"在哪儿?出事了,快回公司!"路上,我了解了大致情况:员工小A、小B、小C，同时递交辞呈。这意味着我们这家创业半年、招了6个员工的小公司，即将面临一半员工炒老板鱿鱼的境况。

为什么？我不解。我自认为对他们还不错。尤其是小C，进步神速，从入职至今，是我一手带起来的。

我们分别单独约谈了3名员工。说心情不沉重是假的，不是说我不能接受员工离职，但作为一家初创公司，一次性走一半人，还凑在一起同时提出，一定是出了什么问题。若不能解决好，剩下的3名员工心里也一定会有想法。

我问，是不是我和老杨哪里做得不好？或者，你们嫌待遇太低？他们很默契，答案一模一样：没有，挺好的。

理由呢？小A想回去上学；小B想考公务员；小C想休息一段时间。他们的神情也很默契，说话时眼神在飘，偶尔和我触碰，就会飞快地看向别处。我不必费什么劲儿就读出了他们心里的客套和掩饰。我在心里叹气，点点头："行，交接好就可以离开。该给你们结算的钱，我们一分不会少。"

出乎意料的是，他们摇头表示，工资不要了，明天就不来了。经过再协商，小C勉强同意多留3天。

危机的口子似乎越扯越大。

老杨非常生气："按公司流程，离职需提前一个月提出并做好交接。咱们没亏待他们啊……既然他们不讲规矩，那我也不开离职证明。"我沉默了很久，慢慢说道："当务之急，我们有更重要的事情。"

我认为优先级应该是这样的：首先将影响降到最低；其次，维稳。做好余下员工的思想工作；最后，反思问题出在哪里。

2. "我们首先是问题解决者"

当晚，我和老杨留在公司，梳理对策。

(1) 怎么做，能将影响降到最低

小A、小B、小C手上各自负责一个独立项目。小C的金额最大，小A的时间最紧，小B是每日例行工作。我们最终确定方案：3天内，一名现役员工跟小C完成交接，老杨跟进客户关系修复；小A的项目两周后必须交付结果，时间紧任务重，我直接顶上；小B的项目，一时间找不到接替人选，且利润低、耗时长，外包也不合适，最好的做法是止损，跟客户赔礼道歉，并按合同赔偿违约金。

所幸，我们与客户的关系一直尚好，对方象征性地收了我们两万块钱。

(2) 为什么会出这种事

"前松后紧，预期与行为造成偏差。"列举多种可能后，我和老杨得出了结论。

公司成立之初，推行不打卡、不加班、不考核的制度，还时常团建。除了每周双休，每月还有两天机动假，提前一天申请就给批。一周下来，实际工作4~5天。对于资深职场人，这样做是人性化，但对于尚需时间磨炼的新人，很有可能换来惰性疯长。

在感受到效能低下后，我们开始实行绩效考核。给每个人明确关键绩效指标，绩效奖金由关键绩效指标达成情况决定。小A、小B、小C提出离职，距离推行绩效管理刚好一个月。回溯表现，他们三人都是工龄0~1年的新人，对职场没有太多体验。

我们前期的人性化管理，让其很自然地形成错觉：工作原来是这样轻松的一件事，每天做做样子就可以。之前太松，之后太紧，他们的心态就出现了反差：以前啥都不考核，照样领工资，现在凭什么做这么多？不干了！

（3）如何做好余下员工的思想工作

在这件事上，我和老杨出现了分歧。他主张，想走的，让他们一起走，大不了全部重招。我的想法是，留下的，能争取还是争取。借此事重新宣贯政策，适度提升激励，没准可以更好地调动他们的积极性。

事实证明，我是对的。

那两周，我和老杨带着留下的3人，每天加班到晚上十一二点，耗费心力，终于如期交付项目，没有丢单。我们将项目收益的一大半，加上小A、小B和小C没要的部分，全部作为奖金，奖给了 3 名临危受命的员工。

庆功宴上，我和老杨自掏腰包邀请大家吃海鲜大餐，士气大涨，一派欢悦。

（4）如何对待 3 个离职者

如果严格秉公处理，确实可以按老杨所说，对于不好好交接的员工，我就不予办理相应手续。但我想了想，算了。

一个人离职的因素很多，但多人集体闹离职，首先要考虑的是老板和公司的问题。我们肯定是有错的，既没给新员工树立清晰的工作观，又疏于过程管控、正确引导。现在的果，是我们之前种下的因，理应承担首责。

唯一所幸的是，整个过程的代价虽昂贵，却也并非毫无收获。一个合格的创业者，首要是摒弃情绪，做个问题解决者。

我们至少及格了。

3. 真正的好，是互相成就

这次员工集体辞职事件带给我最大的冲击是，职场中老板该怎样对待员工才叫"真的好"。

从前，我们给员工造了一座"游乐场"，他们初来时或许很享受，但这是一种浅层次的自嗨。没有引领、没有价值成就，时间一长，他们就会陷入迷茫和怠惰。

由于目标不清晰、管理不严格、奖惩不分明，他们的能力得不到锻炼。反思过后，我做了三方面调整：一是严筛选。提高入职门槛，设定两个星期的考核试岗期。试岗通过，才正式上岗。二是高要求。前置规则，先说好规矩。工作目标和绩效管理，从严要求。三是高回报。进一步提高绩效奖金，给予员工高于市场价的薪资待遇。

调整后，公司变化显著，内部效能明显提升。

此后也有员工因读研或因要回家跟家人团聚而离职。他们离开时都主动交接好工作，诚恳致谢，表达在公司期间得到了很好的锻炼。

一路走来，我深切感受到：建立合理有效的制度，规范公司管理，帮助员工成长，其实也是在推动我们自己的成长。

相互促进，相互成就，哪怕有一天分道扬镳也会彼此祝福，这或许才是职场中老板和员工关系最好的相处方式。

这样的好，才算是真的好。

4. 创业是更认真活着

如今，我的创业之路仍在继续。回顾我当年安逸稳定的500强员工生涯，创业真的是一段截然相反的征程。

但我也确实赚到了很多——不是钱。

赚到了一颗强大的心脏。今天，我的公司绝不会再出现集体离职的情况。我有多大自信，就有多大诚意。我与员工可谓是和谐相亲。

赚到了一门过硬的手艺。7年来，劈山蹚河，凡事亲力亲为。我学到的本领，比过去打工10年要多得多。

赚到了一种美妙的感觉。是的，即便如今，我依然过得战战兢兢，时不时还会掉进各种新的坑里，这也偶尔会让我焦虑。

你可以把它叫作折腾，我更愿意称之为，活着。

创业的每一天，都比昨天更认真、更努力地活着。

硬核突围

3.3 人在迷茫时，该干两件事

我的朋友林强前年毕业。考研失利，灰了心。现在每天要投几十份简历，参加两三个面试，也收到了十几个录用通知。但面对这些工作，他说："没有触电的感觉。"

家人不解。林强表面回答，这是他的第一份工作，要慎重。但其实他自己清楚，真正让他无法做出决定的，是内心深处的迷茫。

迷茫症似乎成了现代社会的一种通病，变成了摧毁成年人的"隐形杀手"。尤其是被巨大压力钳制的职场人，无论是将入职场、已入职场，又或是深入职场，都表示浑身乏力、动弹不得，日子越过越茫然空洞。

1. 将入职场的迷茫，使命教育的缺失

林强毕业于北京一所 211 大学，有头脑、有能力，在同学眼里，是个令人羡慕的对象。但他自己却很疑惑，面试过的职位有的开出高薪，有的符合兴趣。按理说，人在求职时

要么注重薪资，要么注重兴趣，很快就能做出决定，但林强就是觉得……索然无味。

他想起曾一次次在小饭馆跟朋友喝到天亮。是很享受喝酒聊天的乐趣吗？好像并不是。

与其说是喜欢喝酒，不如说是害怕每个夜晚会突然而至的让胸口憋闷的那股迷茫。为此，他试过很多办法，他像"好学生"一样认真学习，考各种证书；又像"坏学生"一样玩闪恋闪分、喝大酒、打群架。然而，这些东西都像一次性快消品，享用过后只剩下不知所措。

他甚至不知道自己为什么要上大学，出了学校又要干什么。是考研，还是工作？他很纠结。

我们上了十几年的学，背会了无数公式，记住了很多考点，知道如何回答一个事件的历史意义，但却从来没有人教过我们：你未来要干什么，你该如何追求自己的目标。

<u>找不到精神的归属，就找不到选择的依据，自然也就找不到存在的意义。</u>

使命教育，似乎在这个时代被有意忽略了。

2. 进入职场的迷茫，单一价值的困扰

我弟弟的同事小张和小王，同期入职，也在同一部门。

小张很积极，每天第一个来，最后一个走。公司活动从

硬核突围

不落下，经常得到表扬。但每次升职加薪，他好像总差那么一点机遇。上级稳如磐石，不升不调。工作3年了，小张只能继续在基层奋战。

小王是典型的"不思进取者"，每天到点打卡。领导常常表扬完小张后，再顺便提一下小王的名字，让他向小张学习，再努把力。

每每这时，小张就心酸，因为他知道，自己没有选择。出身农村，想要获得好生活就必须拼命。工资涨了两次，月薪刚过一万。除去日常花销和寄回老家的钱，每月月底，他的钱包一定见底，更别提买房成家了。

一想到钱，小张就会感到一阵阵心慌。

而"不上进"的小王呢，手握北京户口和家里拆迁款购置的两套房。一个月收的租金已是工资的三四倍，小王觉得自己上班更像是在体验生活。但他跟我说，他也迷茫。他时常出入高档会所、品牌店，通宵唱K、蹦迪，很嗨，很兴奋，只是兴奋来得快，退得快，之后就是空虚。

以后的人生就这样了吗？他不敢想也不愿想，只好把自己丢到下一次娱乐中。

小张和小王的困惑看似截然不同，<u>但本质上都是单一价值观带来的后遗症</u>。

"小张"努力踮脚，甚至拉长脖子，也只是望房兴叹。对他来说，目标远到令自己彷徨失措，只能埋头死磕。

而"小王"更多的是找不到努力奋斗的意义，于是在迷茫里日复一日。

3. 深入职场的迷茫，精英范式的忙碌

李姐是我的客户。她告诉我，刚毕业时，她有一套"标准"的理想体系：找一份好工作，拿一份高薪，买一套大房子。为此，她疯狂拼搏了 6 年。很幸运，赶上了公司上升期，随着公司规模从 20 多人扩展到 200 多人，李姐也从普通员工升到了部门经理，直至升到设计总监。

其间的辛苦不必说，加过多少次班、多少次凌晨四五点走出办公室，李姐已经不记得了。她记得的是冷清的街道、呼呼的北风，独自一人慢慢走回出租屋。

工作第七年，李姐购置了自己的房产。公司给她配了车，她每天开着车去上班，再也不用加班后吹着冷风走回家。看似她的奋斗目标都实现了，但拿到新房钥匙也只是让李姐高兴了几天。之后的日子，她忙成陀螺，每月经常出差，房子都没能住几天，并没有获得想象中那么大的幸福感。

《奇葩说》中曾有一段特别扎心的话："在金融行业里，如果你看到一个四五十岁的女性做到了高层的位置，那么你就能猜出，她多半是单身。因为她作为一个女性，能做到那个位置，在过去 20 年里，她肯定没有时间谈恋爱。"

忙到脚不沾地，被惯性一路推着走，人生到底要收获什么？李姐陷入了巨大的自我怀疑和迷茫。

4. 迷茫时做两件事

知乎上有一个问题：人在迷茫时该干什么？

最高赞的回答很简单，也很精辟：做两件事，收和放。

"收，即停掉所有不是必须要做的事，把时间和精力收回来。迷茫不是无事可做，而是所做的事没有意义。没有意义就停掉。

"放，即放开视野，放下包袱，去尝试新事物，认识新的人。走出舒适区，让自己看到更多的可能。"

在收和放之间，我们不妨尝试：

（1）践行试错，从擅长的事情开始

唯有热爱，方能持久。做任何事，本身就是苦的。能让我们感受到甜，是因为事情带来的成就感。

我从通信行业跨界到自媒体，决心以写作为生。虽然从小就对文字有兴趣，但"狂热爱好"并不足够支撑我挨过工作中的难与苦。每一次卡文、词穷、交不出稿，都让我痛苦得要抓狂。

唯有写完之后，看着文稿呈现，得到读者喜欢，感受到成就感带来的愉悦，才是我愿意咬牙坚持并死磕下去的动力。

若暂时找不到方向和定位，不知道自己要做什么，可以尝试着去做擅长的事。不断摸索，不断试错。建立信心，拿到好的结果，形成良性循环。

与其空想如何甩掉迷茫，不如先找到让自己有成就感的事情，行动起来。

（2）刷新自我认知，置顶掌控力

成长是一条慢慢认清自己的路。人的思维心理、性格气质等是动态的，会随着成长环境的变化而改变。对自己的认识不能简单化、停滞化，就像很多小时候饶有兴致的事物，时日过去，长大后的你会觉得索然无味。

我们对自我、对内心，需要定时刷新，持续关注。在关注自我的时候，不如逆向思维，想一想什么是自己不想要的。就像拒绝何炅约饭，赶回家学习英语的韩雪；精简微信通信录，删掉一干好友的汪涵，他们都有着清楚的"不想要什么"意识，拒绝无效社交，按自己心意而活。

想摆脱迷茫，不愿意被惯性的潮水推着走，就要有放下包袱的勇气。置顶掌控力，才能把握生活节奏。

当了解内心需求，舒服做自己之后，我们终将改变潮水的方向。

硬核突围

3.4 执行力强的人，都在掌控自己的节奏

前段时间小助理问我："您有没有过这种感觉，脚步一慢下来，就觉得跟不上社会的节奏。眼见别人升职、加薪、买房、创业成功，自己就会更加慌张？"

我的搭档水青衣笑了笑，抢在我回复前说："现代人都有这样的感觉，那是因为……害怕自己不成功。"

我想了想。所谓成功，其实是个伪命题。人生在世，找到自己的节奏才最重要。

就像网络上那首很火的小诗：纽约时间比加州时间早 3 个小时，但加州时间并没有变慢。有人 22 岁就毕业了，但等了 5 年才找到好工作；奥巴马 55 岁就退休了，特朗普 70 岁才开始当总统。每个人本来就有自己的时区，在自己的时区都有自己的节奏。

愿意用行动出击、执行力强的人，都懂得在过程中接纳焦虑，朝生活伸出手，牢牢掌控自己的节奏。

因为我们的对手，从来都是自己，而不是别人。

第三章
硬核行动：知易行难，才更要"行而不辍"

1. 为自己，去冲锋：与其拥有一百分才开始，不如先完成再完美

曾波是我在前公司时的对口客户。我辞职后，和他成了好朋友。他这个人最大的特点是雷厉风行，口头禅也是：我现在就要。

我和我的团队曾为这句话头疼不已。只要是跟他对接，无论何时，他的结束语总是固定的一句："快点啊，我现在就要。"

有一回他给我打电话，要求交份材料。那东西明明是5天后才用来跟他领导汇报的，我说："哥，明天早上给你不行吗？"曾波说："不行，你今天下班前做好发过来，我等着改。"

那天我们有会议，一直开到下班时间。散会后，我加班帮他做，到晚上10点才发过去。他改到凌晨4点，发给了他领导，之后眯了3个小时接着上班。

我和他熟了之后，某次喝酒提起这件事，他笑说没办法，并不是刻意刁难，心里挂着事睡不着，非得处理完了才踏实。

回想我们合作的那段时间，但凡我有事情需要推动协调，曾波必定会在几分钟内就答复或给出解决方案。

这时候我就觉得，这家伙其实也没那么讨厌。

硬核突围

后来，他做了一件几乎令所有人都大跌眼镜的事：突然从高薪行业裸辞，去做直播，在小小的直播间里销售当地的土特产。

我访问他店铺时，看到简介处写着那句熟悉的话——"我要的，现在就要。"这个口号让我失笑，似乎隔着屏幕都能见到曾波风风火火的样子。

目前，他除了直播间，还在线下开了3家实体店，每天忙得不亦乐乎。我说要取经，要他传授秘籍。他哈哈大笑："我当初不断告诉自己，年入百万，是我要的，我现在就要。再不干就老了，我就朝着这个目标冲锋。"

"冲垮了怎么办？"

"如果一开始就被害怕控制，那就成不了事。不要想着失败了怎么办，要想失败的结果是否能够承担。能就开始，不能就趁早放弃。不说瞎话，先去做！"

没有什么保证成功的启动，勇敢启动本身就是一种成功。

有心做事，想好就干，边干边调整。与其拥有一百分才开始，不如先完成再完美。

2. 为自己，去面对：活出圆规人生，脚步在走初心不变

朋友大飞今年33岁，在一家大型公司做部门经理，年薪50万。有车有房，妥妥的社会精英。但上个月一起吃饭

时，他在饭局上大吐苦水，说自己活得艰难："一个月看似收入不少，但房贷 10000、幼儿园费用 3000、早教又几千，再加上其他日常开销、应酬，基本剩不下什么钱。我其实一点也不喜欢现在的工作，但一家老小都指着我，就算想动一动也不敢。公司最近又风传要裁员，就怕裁到自己……"

大飞说起裁员的担忧，眼里全是疲惫与无奈。我相信他所说的都是真的，却没有办法安慰他。

《真希望我二十几岁就知道的事》(*What I Wish I Knew When I Was 20*) 一书的作者蒂娜·齐莉格（Tina Seelig）教授曾说：我逐渐发现世界上的人分两种，一种从自己身上找动力，另一种等待着外部力量把自己推向前进。

大飞很显然是后者，一不肯放弃既得，二不敢冒险，每天随遇而安又时时焦虑，心思反反复复，转过一轮又一轮，最后却丝毫没做出任何实质改变。

除了倒苦水，就只剩口头上喊，"假如我再年轻几岁，假如我还没结婚"……想得太多做得太少，是病，得治。梦里走了很多路，醒来还是在床上，只会把自己憋出内伤。

真正的强者，都懂得活出圆规人生，脚步在走，初心不变。

没有那么多假如，害怕什么，就面对什么。该开始的，义无反顾地开始；该结束的，干净利落地结束。

3. 为自己，去放弃：燃料自备，不需外面煽风点火

我和大飞有个共同的朋友小曹。小曹的起点比大飞低很多。他从小就喜欢姐姐的各种化妆品，辞职后果断决定去卖化妆品，现在是多家大品牌的重要代理商，每月营收近十万元。

每次提及小曹，大飞总是摇头："我能跟人家比吗，他还不到 30 岁，又没孩子，原单位也不值得眷恋，又踩上了风口……我要是跟他一样，假如再年轻 5 岁，我也会去闯啊。"

的确，小曹年轻、单身，原先的公司貌似也没有大飞的公司那么有名气、福利好。但小曹人缘好，在原公司混得并不差，辞职前领导极力挽留，允诺加薪升职，并非不值得眷恋。

为了卖化妆品，小曹做了大半年调研，笔记超过 30 万字。他还说服未婚妻，把婚房抵押出去，才凑够启动资金。

按照大飞的逻辑，小曹的处境比他要好，根本没有折腾的必要。

小曹说，我只是不愿将就。"原单位待遇不错，可都是重复性工作，怕待久了，自己就废了。年轻不就在于折腾嘛，不然将来肯定会后悔。"

这么一想，他就开始筹备了，自觉时机成熟后，便当机立断离开舒适区。

猎豹公司的首席执行官傅盛曾说："大变革时代，生存之道就是，你要比别人站在更高的维度，把一件事情想清楚。"

小曹虽年轻，却是活得特别明白的人。得到与放弃，他清楚而通透。他明白，自己正在干的，恰恰是自己最爱干的事，燃料自备，根本不需要外面煽风点火。

掌控自己节奏的愉悦感让他步伐坚定，不受任何外部因素干扰，满心斗志地朝着目标不断靠近。

4. 为自己，去用力活：心的外面没有别人，有的只是你自己

我曾采访过一个年过八旬的老太太，她的兄弟姐妹加起来有10个，她是老大。5岁起，她就要帮助父母一起照顾弟妹。家境贫寒，父母又没多少文化，身为女孩，家里不让她读书。

她见过那些经过门口的读书郎，听母亲讲过美好的故事，内心生出向往，不断恳求父亲，表达要读书的渴望。为了说服父亲，她承担了绝大部分的家务，甚至一个人去两三公里外挑水，只为替家里省挑水工的钱。父亲最终同意。

抗日战争期间，举家躲入防空洞时，她都不忘带上她的书。

成年后，家里想把她嫁给邻居家的儿子，她说，我想继

续深造。在学校期间,她勤工俭学,赚来学杂费,有时还能寄一些回去贴补家用。"最艰难的时候,我每天就吃一个馒头,饿得眼冒金星,但我觉得,那些金星就像我闪闪发亮的未来。"

最终,她如愿以偿学了地质学,做了一名女地质学家,找到挚爱的伴侣,生了 3 个可爱的孩子。从年少到白头,她一生都在遵从内心意志。

她在说自己故事的时候,眼睛一直在发光。这让我不禁猜想,她工作起来时,一定就像燃烧着的火炬,熠熠生辉。

"回顾我的一生,我感到最幸运和自豪的是 3 个字——不认命。

"任何一个环节,如果我妥协了、退缩了,我都不会是现在的样子,我感谢用力活着的我。"

台湾作家张德芬在其作品《遇见未知的自己》里有一句话:心的外面没有别人,有的只是你自己。

知道自己想要什么,用力活着,或许就是老太太依旧如此年轻且充满活力的原因。

5. 找到自我,掌控节奏

《德米安:彷徨少年时》一书里说:对每个人而言,真正的职责只有一个:找到自我。我们的职责只是找到自己的命运，而不是他人的命运，然后在心中坚守其一生，全心全意，永不停息。

有时候，我们真的不必那么伟大，总想着改造世界，获取巨大成功。其实，找到自我，改造自己，就是成功。

为自己而活，找到人生的节奏，是一个人开始成熟的标志，也或许是我们摆脱彷徨的解药。

与君共勉。

硬核突围

3.5 持续进化，是职场人最大的担当

老苗做程序开发工作，给我发私信说想辞职，让我帮他留意合适的工作。

我问："干得好好的，为啥要走？"

"没法待啊！去年刚来的应届研究生，和我干一样的活，每月工资比我还高 2000 块！"

我有些奇怪："不可能吧，你不是都工作五六年了吗？一个新人比你待遇高？"

老苗快速回应："有什么奇怪？我去打听了，说入职薪资普调，但我这种'老人'不享受此标准。明显是老板觉得新人好用，故意打压我呗！"

职场中，老板怠慢"老人"，重用新人的例子并不少见。但"老人"知根知底，熟悉工作流程，用起来更顺手，大多数情况下，老板是不会故意制造嫌隙的。

"老"，从来不是遭到"打压"的理由。也许，因"老"而倚老卖老、停滞不前，甚至尸位素餐、消极怠工，才是被嫌弃的根本原因。

1. 习以为常，是你停止进化的开端

西汉文学家刘向说："入芝兰之室，久而不闻其香；入鲍鱼之肆，久而不闻其臭。"

父母从小到大的宠溺，让你觉得全世界都该为你让道；有个人持续对你好，让你误认为对方本该一直对你好；无论外部环境好坏，只要待的时间足够长，最终你都会融入其中。

以上这些都是生活中常说的：习惯了。

心理学上有一种效应叫<u>适应性偏见：随着时间的推移，你会对任何事都慢慢习惯</u>。恰恰是适应性偏见，让老苗从内心深处认定，自己工龄长、资历深，薪资待遇理所应当高过应届新人。

这话对吗？对的！正常来讲，确实本该如此。尤其是在一些新兴行业，技术更迭快速。深耕三五年，你极有可能成为业界权威。

世界权威的薪资超不过新人？这不可能。但按照老苗的原话，"新人干的活和自己一样"。这句话本身就暴露出他的问题。他已工作五六年，为什么还跟新人干一样的活？

老板宁愿多给新人2000，却不肯给老苗加工资，他心里应该是算过一笔账吧，这笔账就叫作"按实际价值付费"。在老板的心里，老苗的价值就值这些钱。

对环境和过往既得习以为常，认为一切都理所应当，因而止步不前，就别抱怨拿不到更高的收入。

停止进化，安于现状，注定被嫌弃。

2. 你值多少钱，取决于你当前的"潜能"

在前公司时，老板教我用态度与能力管理方格来评估下属表现（图 3-1）。

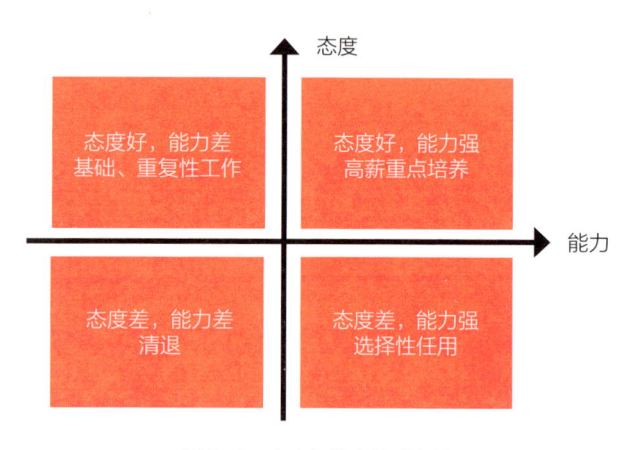

图 3-1　态度与能力管理方格

如图 3-1 所示，通过四象限划分，可将评估者分为四类：

第一类，态度好，能力强。这类人无论何时都是重点培养对象，公司会提供最好的项目资源，给予最高的薪资与奖金。

第二类，态度差，能力强。这类人需要在严格监管下选择性任用，比如从事团队配合较少的专项技术类工作。同时，视其结果好坏，决定是否分配更重要的项目。

第三类，态度好，能力差。这类人通常先以基础、简单、重复性的工作安排为主，再辅以一些培训引导，看能否转化为第一类人。

第四类，态度差，能力差。这类人没什么好说的，直接清退，不浪费彼此的时间。

从老板或管理者的角度看，你当前在哪个象限内，就已经决定了你在他心中值多少钱。

我的前辈老朱是典型的第一类，他从无线优化工程师做起，一开始做全球移动通信系统，后来多次主动请缨，做宽带码分多址技术。4G时代来临，他又主动申请带队攻坚。后来，老朱成为公司为数不多的、贯穿2G到4G的技术大拿，每年的涨薪和绩效都位于绝对的第一梯队。

尽管他今年已经41岁，在公司工作已超过15年，是个绝对的"老人"，但他依然是老板和同事们眼中的业界权威。

因为在大家眼中，他始终"潜能无限"，与年岁无关。

3. 让自己持续值钱，分享三个策略

身在职场，我们要如何才能让自己持续值钱，我想分享三个策略。

硬核突围

（1）建立微目标清单

所谓微目标清单，即一系列由连续的、可进阶的小目标组成的集合。当你动力满满达成一个目标后，若该目标单一旦再无后续，那你一定会很快懈怠，进入停滞期。

针对技能学习，细化目标，设定不同维度的预期，才有助于自我进化的完成。比如，你是个写作小白，希望在写作上有所成就，可以这样设置：

- 每天阅读 1 小时，每日更新 800 字。
- 尝试有偿投稿，1 个月内，至少提交 1 篇。
- 3 个月内，签约 ×× 平台。
- 一年内，出一本书。
……

微目标落地的关键，是这一系列目标可衡量、可量化，且彼此关联，形成目标台阶。当你完成前一阶段目标时，要不断添加新的目标，以持续进阶。

（2）培养"卡位意识"

职场中，你的不可替代性越强，你就越值钱。要做到这点，你得擅长"卡位"。正如前文的老朱，他擅长把握最前沿动向，第一时间卡位，最终成为公司极少数掌握全面核心技术的顶尖人才。

第三章
硬核行动：知易行难，才更要"行而不辍"

越会卡位，资源越稀缺，地位才越不可动摇。

培养卡位意识，你得善于分析：当前公司最缺的岗位是什么？什么样的技能，在行业内是最不可或缺的？同时，以此为目标，不断努力靠近。

如果你身处一个稳定型的行业，没有那么多创新，那么你可以不断淬炼当前技艺。若能做得更深入，更贴近用户，一样可以迅速卡位，将自己做成稀缺资源。

我以手机为例，分享一个简单思路，供你快速识别趋势，找到"卡位点"：首先，你要分析公司出产的手机，体验最不好的部分。比方说从前的瓶颈是屏幕不够大，分辨率不够高，速度不够快。随着技术突破，现在最大的问题是电池待机时间过短。为改善体验，市场上不少公司都围绕共享充电宝、生物电池、手机耗电优化等方面做文章。

这时，如果你速度够快，就可以在这些方面占领先机。当首要矛盾被解决后，新的矛盾就会出现，第一时间琢磨出用什么解决方案应对，你就找到了新的卡位点。

（3）保有即战力

即战力，即能临危受命，具备随时投入新战斗的能力。一旦有机会来临，你可以立即主动举手，而不是被动等待分配。要做到这一点，一靠平时积累，二靠在途改善思维。

一位销售精英曾跟我分享过一句理念：先敲门，然后再想说什么。机会稍纵即逝，当你完全想好说什么，竞争对手

硬核突围

早就坐在客户对面了。

成熟的职场人，都懂得五成把握即起跑，在过程中不断改善迭代，而不是非要有九成把握，才敢迈出第一步。

你的即战力越强，也就越值钱。

著名的商业顾问刘润曾说过："工资，是用来支付给员工承担的责任的。责任越大，工资越高。涨工资，是因为你承担了更大的责任。"

职场中，你最重要的责任，是对自己负责。

别管年岁，挖掘潜能，持续进化，才是你应具备的最优职场思维。

3.6 干成事，是检验权威的最好标准

曾有一则新闻刷爆网络，光热评就超过 10 万条。34 名清华大学总裁班的同学众筹 680 万元开餐厅，3 年来持续亏损，最终申请破产，欠下 300 余万元债务。

据媒体调查，这个总裁班并不属于清华大学的任何一个学院。组织这类培训的是总裁培训网之类的网站，其招生负责人称：虽不隶属于清华，但来授课的一定都是清华的教授。

关于公司破产的原因，肯定是复杂多样的。但我们仅从事件表面，至少可以发现两个有趣的现象：第一，如果教授们均出自清华，是专业领域的专业人士，肯定在企业管理、市场营销、战略规划等方面有着渊博学识，但为何他们教出的学生最后把公司开垮了？

第二，34 名精英在各自领域或许都各领风骚，资历颇深。在学了那么多阿里巴巴、海底捞等标杆企业的管理经验后，合伙开间餐厅却惨败，为什么成功难以复制？

这似乎应验了电影《后会无期》里的那句话：听过了这么多道理，依旧过不好这一生。

硬核突围

或许，坏就坏在"听"字上。

尽信书，不如无书。脱离了实践，再精深高明的理论，无非赵括式的纸上谈兵。今时今日，各类资讯爆炸，人们早已不会对所谓权威抱有高高在上、有如神明的敬畏。

我们每个人都有可能成为这"神隐时代"新的权威，而其检验标准，也变得更为简单直接、接地气：

真正的权威，绝不止于说，要能真正落地干成事。

1. 曾经的辉煌是虚的，持续的成功才是实的

我刚参加工作时，公司组织户外拓展训练。活动分成两队，一队由企业高管组成，另一队是我们这些新人。规则很简单，所有人蒙上眼手拉手，围成一个圆圈。围得更圆的队伍，即判定为胜者。

我所在的新人团队，当时有一名同事自告奋勇出来指挥，所有人欣然同意。在他的指挥下，所有人精诚配合，相互协作，很快完成游戏。摘下眼罩的刹那，大家都很欣慰：还挺圆的！

与此同时，另一片草地上的高管队正吵得不可开交："往那边挪一挪啊！""别废话，那边是哪边？眼睛蒙着呢！指令清楚点行不行？""我早说这方法不行，还是按我说的来，快点快点！""你这个更不行，还是听我的！"

新人们瞧得乐不可支，最终结果自然是我们赢了。

游戏结束，教练笑着说，这个游戏我们组织过几十次了，高管队从来没赢过。

相对新人，高管们是绝对的权威。无论个人能力、经验还是思维方式，都比新人不知道强多少倍。

可权威为什么输了？

核心或许在于，关注点不同。

新人队伍求胜，想完成目标，诉求清晰简单，行动起来更聚焦，不会太注重身份的异同；但对高管们来说，发号施令的掌控感、自身权威的时时体现，也许是比结果更为重要的考量。他们过于倚仗经验，太在意曾经的成就，以致刚愎自用，无从协作，丧失了耐心倾听及客观判断的能力。

过去的辉煌终是虚的，能在新环境中持续成功，才是实的。

2. 空谈理论是虚的，拿出结果才是实的

央视财经频道的《对话》栏目，有一期节目是陈安之与马云的对话。陈安之曾被誉为"华人成功学第一人"，家喻户晓。节目播出时，马云的阿里巴巴正在飞速发展。陈安之在节目中批评马云，自信的同时需要自省，谦虚才是持续成功的保证。他还说，人生没有失败，只有暂时停止成功。

而成功的方法很简单，就是喊出来，告诉自己："我要成功、我要成功……"当你讲了不少于20遍，甚至更多时，离成功就不远了。

马云回应，自己并不知道怎样定义成功，但知道如何定义失败。阿里巴巴一路走到今天，是因为从不曾放弃。"成功不是一种结果，而是一种经历。我希望自己老的时候能跟孙子说，你爷爷这辈子经历了多少，而不是获得了多少。"

对比两人的话，显而易见，前者务虚，后者务实。

不可否认陈先生有着极好的煽动力，他收取高额讲座费，在全国各地进行打鸡血式演讲。他的内容是把大道理穿插进某些案例，强化宣导自信、毅力等众所周知的成功要素，却没有真正行之有效的行动指南。

原因很简单，他自己就没有真正落地过。试想，若陈先生的公司很成功，他的精力不是应该放在如何运营公司、创造更大的效益上吗？怎么偌大一家公司，反倒全靠老板一个人四处巡讲扛业绩？

反观马云，多年励精图治，把淘宝做成了中国的易贝网，支付宝引领了支付方式的改变，自己则被授予联合国助理秘书长、联合国贸易和发展会议青年创业和小企业特别顾问等头衔。

曾经如日中天的陈先生，现在在哪里？

上周，我的搭档水青衣讲了个故事。有个不知什么时候结交的文友，在微信上给她连发3条信息，邀请其付费199元加入自媒体实战营。她点开了文章，看到排版极其凌乱，而且文章的阅读量也才609次。

她又浏览了其公众号的13篇文章，阅读量最高700多次，平均数不超过400次。她笑："在颜值即正义的年代，版面还能如此杂乱。一个自媒体的大神，竟不明白不能用空格、行间距应统一？自称要帮助10000人年入百万，传授10万+爆文技巧。可自己文章的阅读量竟如此惨淡，全网也搜不到代表作。真的很想问问大神，您自己可写过10万+阅读量的文章？可在各头部大号上过稿？一个月稿费多少钱？"

是的，若连一点实战成绩都拿不出，我该怎么信你？空谈理论，终是虚的，能真正落地呈现出结果，才叫权威。

3. 身份头衔是虚的，成就他人才是实的

数月前，有个自称全国某权威机构的老师加我微信，说想谈个商务合作，在我的平台上推一套课程。该课程是线下授课，两天时间，费用是每人8.8万元。老师说，他们是国内顶尖的学术机构，针对性极强，只服务高端商务人群。

我看了课程文案，通篇都在讲他们机构的经历有多传奇，师资有多雄厚，讲师背景有多闪耀。我问，像这样的课程，咱们办了多少期？老师说很多期了，学员反响很好，毕

竟讲师都是全国顶级的专家。

我想了想，还是没忍住："老师，我丝毫不怀疑讲师团队的权威性，他们的名头和资历的确很厉害。可是，如此昂贵的学费，学员学这个到底有什么好处？"

"往期学员反响很好"，那他们到底干成什么事了？是薪水翻了 10 倍，创业拿到融资，还是走上人生巅峰了？不如拿出一些量化数据和实际案例来看看。

既往身份，从不是你能在新航道、新领域做出成绩的充分条件。

身份是虚的，能成就他人，真正干成事，才是实的。

4. 群策群力、上下一心、分工明确

作家马尔科姆·格拉德威尔（Malcolm Glodwell）在其畅销书里曾提过一个概念——权威的合法性。他说，要想保证权威的合法性，你得做到三点。

第一，你管理的每一个下属，他的声音都必须能被你听到；第二，你指定的法规必须稳定，得有可预测性，不能朝令夕改；第三，执法必须公平，这意味着两点：首先是一视同仁，其次是前后一致，不能随机惩罚。做到这三点，不一定能保证你的事业能做多大，但至少下属愿意跟随你、相信你、尊重你。

第三章
硬核行动：知易行难，才更要"行而不辍"

群策群力、上下一心、分工明确，才能干成事。

黄渤在其电影《一出好戏》里，就生动诠释了不同时期和条件下，人们心目中的权威是如何诞生的。最初流落荒岛时，王宝强是所有人心目中的权威，因为他有野外生存经验，能帮助大家活下去。后来食物不再紧缺，于和伟成为新的权威，因为他深谙商业规则，在荒岛建立货币交换制度，让大家的生活有序，分工逐渐明晰。当物质需求进一步满足后，黄渤取代于和伟，成为第三任权威，因为他重新唤醒了众人心中的理想，激发了大家为更好生活努力的决心。

所以，从来没有什么权威屹立不倒，亘古不变。**唯有放下昔日辉煌、抛去身份头衔、以理论结合实践、持续干成事，方能维持权威的身份。**而当我们所有人都学会独立判断，保持客观，不偏信盲从，相信终有一日，我们都会成为自己和别人眼中的真正权威。

| 硬核突围

3.7 为什么反复寻找"最优解"的人,往往能活得更好?

前段时间,我在网上看到一道题很有意思,就把它发在了我的朋友圈。

"现有 12 枚硬币,其中一枚是假币。假币的外形、大小均与真币无异,但重量不同。给你一个天平,如何只用 3 次称量,找出唯一的假币,同时确定它比真币重还是轻?"

朋友们响应得很热烈,各路高手纷纷献策,其中有一个不同声音,引起了我的注意。

"为啥非得 3 次?哪怕 4 次、5 次,找出来不就好了?干嘛自己为难自己?我就用 4 次找出来了。"

两点之间,直线最短,这是数学上的公理。如果仅就一道数学逻辑题而言,那位朋友的说法无可厚非。

3 次,是最优解。4 次、5 次、N 次,是其他解。不较真的话,确实都可以,但寻求最优解,有很大意义。

第三章
硬核行动：知易行难，才更要"行而不辍"

1. 反复寻找最优解的背后，是"双赢思维"

彭哥分享过一个故事。他先前招助理，两个年轻人小李和小宋的条件相当。彭哥给两人安排任务：各自领1000元，买书回公司，供同事们休闲时阅读。

除了这个指令，他没有加更多条件。

小李速度很快，在图书网站按排行榜精选40余本，不到半小时完成任务。第二天上午，书就送到了。小宋在时间上慢一些。第二天下午，小宋才和另外两个同事，每人怀里都抱着三四十本书，虽然吃力但兴冲冲地走进了办公室。

见彭哥饶有兴致地瞧着他，小宋解释说："老板，我对比了几家线上书城，发现最近都没有什么活动。我前阵子回家，发现公司附近新开了一家书店，正在搞促销，很多书都是半价和特价。我在公司里做了个小调查，收集了想阅读的书目。然后叫小赵、小刘，帮着一起淘了一批。我这里还剩80多块钱，给您……"

彭哥很感慨，像小宋这样细致的人，如果不用他，我还能重用谁？

职场中，不太可能找到一个时刻，能让你不计成本、无时间约束，肆无忌惮地完成一件事。

所谓最优解，就是在规定的时间、预算、资源内，多方对比，给出最佳方案。

小宋的价值所在，不是把钱迅速花光，而是能换位思考，将公司给的每一分钱都花得物超所值，甚至花到极致。

"屁股坐在哪里，就在哪里唱歌"，反复寻求最优解的背后，是双赢思维。

懂双赢，才会多赢。

2. 善于寻找最优解，才会更快脱颖而出

英国学者奥卡姆·威廉（William of Ockham）曾提出奥卡姆剃刀定律：如无必要，勿增实体。这句话的另一重解读更直白：切勿浪费较多资源，去做用较少资源同样可以做好的事情。

杰克·韦尔奇（Jack Welch）是通用电气公司史上最年轻的董事长兼首席执行官。他被誉为"美国当代最伟大的企业家""全球第一首席执行官"。

他的成功，便是将最优解发挥到极致。

一上任，杰克就注意到公司的巨大隐患：许多本来优秀的管理者，大部分精力居然是用在应付内部琐事，而非关注顾客真正的需求。他立即挥动奥卡姆剃刀，开始了大刀阔斧的整改：第一，砍掉除行业内排名前二的其他企业。第二，精简所有思想保守、行动迟缓的人。

简单有效，始终寻找最优解。

这样的魄力和胆识，让通用电气由一家官僚主义弥漫、死气沉沉的公司，变成了富有朝气的巨无霸，市值也从杰克上任时的 130 亿美元，飙升到 4800 亿美元，赢利能力一度位居全球第一。

德国现代建筑大师路德维希·凡德罗（Ludwig Van der Rohe）曾提出"少即是多"的设计理念，"少"不是空白而是精简，"多"不是拥挤而是完美。

这个理念与奥卡姆剃刀定律一脉相承。会做减法，才会更快找出适合企业与自身发展的最优解，才会迅速脱颖而出。

3. 努力寻找最优解，将让你无往不利

金庸《笑傲江湖》中最厉害的武功，是风清扬传授给令狐冲的独孤九剑。它的高明之处在于"无招胜有招"，可用来破解敌方的任何招式。

现实中的实例，莫过于李小龙融合包括咏春、跆拳道、拳击等世界各国拳术，自创而出的截拳道。截拳，意即有效阻击对手来拳之法，其核心理念是精简、直接、非传统，"以无法为有法，以无限为有限"。

截拳道设计的初衷和底层逻辑，就是抛去一切繁复，直接奔着"赢"而去。这种融合百家之长，追求最优解的过程，实则是一种明确的目标导向。

📈 硬核突围

生活或职场中，但凡发展好的人，无一不是这种思维。

文案高手悬哥曾告诉我，他给广告主写的每一篇文案，无不是修改过十几次。

磨炼内功，只为直抵最优解。一个标题、一个比喻、一个措辞、一句话，哪怕一个标点，他都精益求精，只要读起来能让受众更舒服、更易接受，就是值得的。也因此，悬哥的文案转化率始终远远高于业内平均值，让他更得客户青睐。很多人甚至愿意多花几倍的钱，请他专门定制文案。

努力寻找最优解，以终为始，充满目标感的人，无往不利，理应获得这种待遇。

4. 寻找最优解

我曾问过一位植物学家一个简单的问题："为什么人不能像植物一样，拥有光合作用？这样不就不用吃饭，每天晒晒太阳就好了。"植物学家回答我："原因很简单。按照人体结构，暴晒一天太阳，摄入的能量也抵不过一碗饭，这不划算。"

数百年前，达尔文就在《物种起源》里告诉我们，物竞天择，适者生存。

所谓适者，不一定是当时的最强者，而是那些始终在竞争中保持清醒、善于总结、不断调整，用最经济的代价，取得最大收益的物种。

我们变成什么样子，有什么能力，既是环境塑造，也是得益于自身进化。这个过程，就叫寻找最优解。

从未停下脚步，不断寻找的人，会适应得更好。

> 硬核突围

🢂 3.8 那个拒绝干活的同事，做了我的上司

我的邻居小路入职三年，脾气虽有点儿急躁，但工作还算勤勉。他近来闷闷不乐，总有意无意提起想辞职。我问出了什么事，他则一脸委屈和困惑。

公司空缺了一个组长职位。他跟同事小李都努力争取。"新接了项目，小李说客户的要求超出合约，拒绝合作。为此，我尽力服务客户，连续加班三晚。"但最后，客户对小路加班结果的满意，并没有给他带来升职。

"小李升了组长。我没有奖励不说，还被老板狠狠骂了一顿！说我没有契约精神，破坏了规则，给公司带来的潜在危害比收益大得多。"

他很困惑，不是总说客户至上吗？为了提升客户满意度，自发加班怎么倒成了过错？凭什么说他没有契约精神？

我问他，你熬夜加班为客户做的东西在不在合同约定范围内？他说："不在，但如果不做，客户会不高兴的。小李拒绝干活的时候，客户就已经非常不满了。再说，我也没向公司额外要资源呀。"

连续苦熬三晚，态度听起来端正无比。

为提升客户满意度，理由听起来正当无比。

没问公司要任何支持，口吻听起来孤勇无比。

……

但对不起，小路同学，我若是你老板，一样得骂你。

1. 给你一份盒饭钱，我要吃鲍翅参肚

松下电器的创始人松下幸之助曾说：顾客至上，必须以诚相待。我们不赚取暴利，但也绝不做亏本生意。这句朴实无华的话，生动诠释了契约精神的本质：公平、守信、达成共赢。

给多少钱，办多少事，这是最实在的公平。签订契约、按约履行、交付结果、支付酬劳，这是双方的守信。

契约精神，不是甲方对乙方单方面的倾轧，也不是以乙方是否全力满足甲方的任何需求为评判。

小路的老板为何骂他没有契约精神，破坏了规则？说白了就是，他"过度交付"了。

因为怕得罪客户，对合同以外的事，付出额外的时间、精力、成本去做，就叫过度交付。

换个场景，咱们能有更形象的体会。比如，去餐厅吃饭。本来十元有十元的菜，百元有百元的菜。客户给一份盒

饭的钱，却让你上鲍翅参肚。

你还加班加点，付出额外的精力和财力去满足要求。这是正确的吗？

2. 甲方的三种心态，没法逐一照顾到

我工作十余年，一直的身份都是乙方，且始终负责一线交付工作。我亲历过一个脾气暴躁的客户，他曾指着我的鼻子说，我听说你工资比我高三倍，我不把你当三个人使，心里不痛快！

铁打的营盘，流水的甲方。很多甲方天然适合代言百事可乐，因为他们无比生动地诠释了那句经典广告词：Ask for more（需要更多）。

为什么永不满足，总是需要更多？个人浅见，我觉得主要有以下三种心态：

- 我是金主，给钱了啊！给你们提点要求，难道不是应该的？
- 我就是试试，看看你们的底线到哪里。
- 我其实也不知道想要啥。不如你们多出几版方案，多从几个角度试试，到时候我自然就知道要哪一个了。

在这三种情形中，第一种是极度强化的金主心态；第二种是你退我就进的试探心理；第三种是将他人的无知转嫁到你头上的嫁祸思维。无论碰上哪种，你以为完成过度交付，就能完美解决吗？

显然并不是。

负责任地说，你若真那么做了，才是两头不落好。一方面，从人性角度出发，客户会要得更多。另一方面，老板不会满意。何况，你自己的精力也并非无穷无尽。

3. 维护满意度，不能靠纵容与无限允诺

我的前上司在全国带队执行过几百个大项目，对接过上千家大小客户，他曾说："没有天生奸诈的甲方，他们事实上都是被乙方惯坏的。每一个被惯坏的甲方背后，都一定有一个自作自受的乙方。"

我自己就当过始作俑者。

那是我刚工作的第一年，第一次独自被派到外地执行项目。与我对接的当地客户 X 人不错，客气又友好。工作推进得非常顺利。熟识后，X 开始给我提额外要求：能不能帮忙培训他公司的下属，能不能顺便帮忙处理几个新增的突发状况，能不能多给些资料以供学习……

我那时没有多少客户应对经验，出于某种特别想证明

自己的心理，也没给我师父打电话请教。正如小路一样，我唯一想的就是客户至上，我要维护客户满意度。于是，但凡他有所求，我都一概答应。为了准备培训课件、处理新增任务，我同样也熬了好几个晚上。

项目结束，X说效果不错，专门请我吃了顿饭。

等我喜滋滋回到公司，打算向领导好好汇报我的辉煌首战时，领导已先说，你小子闯祸了。他把电脑屏幕转向我，上面是一封投诉信。投诉人是X，投诉对象正是我。

X在邮件里说，我培训了他的下属后，却没把完备的操作文档留下，也没特别说明风险。他的下属进行实机操作，漏了某个步骤，导致网络故障，影响了部分用户的体验。

他在邮件末尾用了严厉的措辞，大意是：不想教，你可以直说，何必教一半来害人？我们将保留进一步追究的权利。

我愕然且愤怒，张口结舌想辩解，领导摆摆手说，我已派你师父去现场，你的过错他要负责。

两天后，师父回来，摇头对我苦笑："你啊，把客户都惯坏了。现在我一拒绝他们就说，那年轻人可啥都答应的，让我再把你派回去。"领导也语重心长告诫我："没什么可委屈的，你完全是自作自受。希望从此以后，你能牢牢记住这一课。"

交付过度，无限抬高客户期望，是最得不偿失的事。

这不仅是一个人受累，还会连累其他同事和公司。况且做了那么多，客户可能还是不满意，继而投诉你。

维护客户满意度，从来不等于纵容及无休止允诺。

4. 按约交付的三个关键点

对于服务交付人员来说，如何做才能既维护好客户满意度，又不至于过度交付？可以从以下三个维度着手：

其一，内部统一声音。

在公司内部，与交付人员矛盾最大的，往往是销售。销售人员通常不懂技术，也不负责执行。但有时为了拿下订单，难免会对客户承诺一些不在合同条款内却仍要执行的事项。最终，服务交付者就变成了接盘侠。

过度交付局面的造成，很可能源于销售人员的"过度承诺"。

我待过的两家大型企业为尽可能防止这种情况发生，都设立了一个机制叫"提前介入"。顾名思义，即交付人员提前介入合同谈判中，与销售一起研讨细节并给出建议，最大化防止过度承诺的发生。

同时，交付人员平时要多与销售人员搞好关系，沟通自然会顺畅许多。

其二，具备客户思维。

一个合格的交付人员，是一丝不苟的执行者，但一个优秀的交付人员，是聪明的引导者。

我的前同事易工就是后者。客户当时给他提出八项具体工作，并极不客气地表示，如果做不了就请回吧。易工一看内容，全是"超纲"的，合同里一条都没有。但他并未直接拒绝，而是站在客户角度，开始逐项分析：

第一项内容好是好，就是工程量太大，需要你们投入大量物资和人力，投入产出比可能有点低……第二项内容是真好，但很多一线城市都没做过呢，咱们确定要做小白鼠？第三项也不错，但咱关起门说句大实话，这不是您部门主导啊，即便做成了，您也不是最出彩的那个……

最终，客户同意只执行第七项，其他都可以暂时放一放。而第七项内容的实际工作量最少。

项目做完后，客户和易工建立了深厚的关系，专门给他发了表扬信，称易工是他们公司遇到的最好的专家，下次项目还想邀请他负责。

易工的交付为什么能成功？其原因主要在于他态度坚决，不卑不亢，而且有理有据。最重要的是，每一项分析都基于客户角度出发，让客户相信，他确实在替他们考虑。

很多时候，客户确实不清楚他们要什么。一个真正杰出的交付人员，一定懂得化被动为主动，借由自己的专业引领客户，最终互相成就。

其三，灵活把握灰度原则。

灰度，是我在华为工作期间经常听到的一个词。

现实世界不是程序员的编程世界，并非除了 0 就是 1。

超出界面的任何工作都拒绝吗？这过于非黑即白了。

即便是到菜市场买菜，有时我们也会有意无意与小贩讨价还价。是缺那几毛、几块钱吗？并不。也许享受的是被尊重的感觉，是某种"占便宜"的心理和成就感。客户不也一样嘛，合同都签了，就想讨个小彩头有何不可？

事实上，若人力、物力投入在可控范围内，有分寸感的承诺是可以的，因为这不失为拉近客户关系最好的契机。

5

聪明的服务交付人员不是纯粹的执行者，从来不应只知埋头苦干。以适度可控的投入达成合同目标，才是专业的交付者应该尝试达到的境界。

在商业日益繁盛的当下，几乎每家公司的企业文化里，都有一句"客户至上"。

所谓"至上"，不是惯坏他们，而是通过乙方的专业与共同的契约精神，令合作成功、共襄盛景。

4

硬核表达:
所谓职场高情商,就是一张口便见分晓

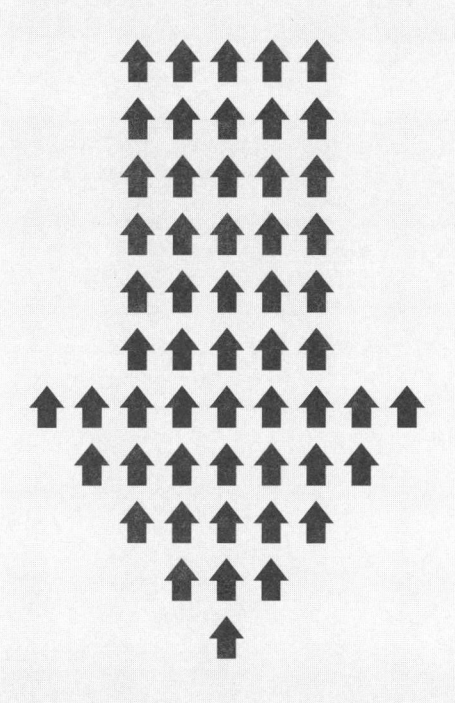

第四章
硬核表达：所谓职场高情商，就是一张口便见分晓

4.1 真正厉害的人，都不会在这一点上犯忌

2019 年的世界移动通信大会上曾发生过"吐槽竞品"的事。

某手机企业董事长说："现在发布的所有折叠屏手机，都没有超过 3 年前我们发布的概念。现在很多厂商依然在做演示文稿产品。"

此话一出，立刻上了热搜榜，引发全网热议，网友们纷纷表示：

"董事长也爱吃柠檬啊，这话说得可真酸。"

"说得好像你家手机有多好一样。"

"你只会想，别人却在做，这就是差距。"

客观地说，这家企业是风光过的。相比一些做代工出身的手机企业，该企业可以算是根正苗红的"民族科技企业"。它取得过辉煌业绩，确实有骄傲的资本。但这些都不能成为董事长一番言行的凭据。

即便旗鼓相当，也不要随意贬低对手，这才是大企业该有的格局。

> 硬核突围

更何况自己现在交白卷，成绩栏是"0"，你又凭什么笑话人家学霸没拿到满分？

一个人的层次高低，藏在你对待竞争对手的态度里。

1. 真正厉害的人，不会把注意力放在诋毁对手上

奥巴马、希拉里竞选民主党总统候选人时，两人的主打牌截然不同。奥巴马的口号是"变革"，希拉里的口号是"经验"。希拉里在各种不同场合强调："奥巴马从前只不过是参议员，毫无当总统的经验。我在做总统夫人期间，参与过很多活动，我比他有经验得多。"

最终，奥巴马赢了选举。

他关注"变革"，聚焦点是如何使民众生活得更好；而希拉里始终盯着对手的不足，不断强调"我更有经验，你们应该选我"。

有评论家一针见血："希拉里的广告语里，包含着奥巴马的名字。这意味着，她每宣传一句，就会分一半机会给奥巴马。"

踩低别人来抬高自己，无论在职场或生活里，都不可取。

哪怕对手当真不如你，你却把大部分注意力都放在如何诋毁对方、咄咄逼人上，在围观者眼中，你也并不见得有什么过人之处。

在前公司时，我常常要给客户介绍产品和服务。我的师父多次叮嘱："客户面前，你怎么夸自家东西都没问题，但千万不要贬低其他厂家。每个客户心里都有一杆秤。越是利益攸关，越难做到客观。"

你贬低别人越多，在客户心中，你被扣的分就越多。

请记住，客户愿意付费购买的是性价比足够好的产品。你自己够不够好，与别人的好坏，并无直接关联。

越成熟饱满的稻穗，头会垂得越低。真正的强者，绝不会把注意力放到诋毁对手上。

所谓优秀，是坦然承认差距，聚焦自我发展，有朝一日迎头赶上。

2. 聪明的人都会善待对手，为自己留一条后路

"这种地摊货，你可以买给你爸啊。我爸从不穿这些，都是穿正规商场里几百上千的。"

"他家的油都是地沟油，我家的油是正规渠道购进的。你们到我家饭馆来吃就对了。"

"她那个工作报告写的像什么样？那些用词，我几年前就用过了。"

我们的身边似乎从不缺乏以上这些人——自负又目中无人。标榜自己没有问题，却是以否定别人来肯定自己，这真

是最愚蠢的做法。

做出这种行为，要么是从自信发展到令人发指的自负；要么就是内心自卑，害怕被人看穿，拼命遮掩。你不肯承认别人的好，只不过是在掩饰自己的糟。

说话刻薄，行事不留后路，最后断的只会是自己的路。

我的最后一任上级老何，曾与我各为其主，是竞争对手。为争夺更大的市场份额，明里暗里，我们一直斗得很凶。

某天晚上，两个团队都留在现场加班。我想着犒劳队员，就下楼去买了几大盒烧烤。当我方队员兴高采烈吃起来时，对方团队却头也不抬，置若罔闻地做方案。

于是我拿了两盒烤肉过去，对老何说，吃点东西吗？

递肉时，我不经意扫见老何电脑屏幕上正在做的分布图，似乎漏了更新最近一期的数据。于是我伸出手点了点屏幕，笑着说："你看，总加班还是有问题吧！歇会儿，也不差这一时半刻了。"

老何抬头，看到错误时明显愣了一下，旋即咧咧嘴，点头对我说了声"谢谢"，然后招呼队员来吃肉，自己则立刻修正了错误。

此后，在对公场合我们依旧针锋相对，但私底下见面时关系却很融洽。后来，我从公司离职，老何得知消息，第一时间就打来电话，邀请我去他的公司上班。老何说："名义上你只能是我的下属，但我一定尽我所能，为你争取最多的资源和话语权。来帮我吧。"

我最终被他打动，欣然前往，开启了一段全新的职业生涯。

何炅曾说过，胜败无常，给自己留后路就是留希望。

聪明的人都懂得善待对手，为自己留一条后路。

3. 你对待竞争对手的态度，决定了你能走多远

2019年的春节档，国产电影票房呈现井喷状态，非常值得国人高兴，但更令人高兴的是宁浩、郭帆、韩寒几位导演互相鼓励、彼此支持的友好态度。

几部电影同时上映，他们没有介意谁会压过谁一头。宁浩更是把《疯狂外星人》的太空舱和宇航服都借给郭帆用，助力了《流浪地球》的顺利上映和大火。

林肯说："消灭敌人最好的办法，就是把竞争对手变成自己的朋友，那么我们或许真的能一劳永逸。"

或许，作为普通人的我们，没法达到林肯所说的境界，但如何善待对手，精进自己，我想分享以下三重境界：

（1）见贤思齐

人无完人，总盯着对手挑刺，除了逞口舌之快外，并不能带来有价值的回报。麦当劳与肯德基，多年来互为竞争死敌，但也始终在互相学习。

硬核突围

见贤思齐，认真总结别人脱颖而出的原因，思索自己如何锐意进取，这才是正道。

（2）保持尊重

古龙曾写过，最了解你的，往往不是你的朋友，而是你的对手。就像所有体育竞技比赛里的运动员一样，不打压、不叫嚣，竭尽全力，只用实力说话。

尊重对手，也是尊重自己。

（3）合作共赢

在手机领域，华为和苹果是竞争对手，但从专利互惠的角度，它们亦是关系密切的合作伙伴。蛋糕很大，不妨包容开放些，未必一定要自己独占。分一杯羹给对手，也许会获得更广阔的天地。

马云说，人生要有大格局。格局大，人生未来的路才能越走越宽。怎样对待竞争对手，往往暴露了一个人的格局。

你对待竞争对手的态度，决定了你能走多远。

与君共勉。

4.2 那个说话嗲嗲的女生，做了我上司

1

年后升职，心高气傲的秦刚败给了一个女生。我问输在哪里？他说那个姑娘声音软萌，像林志玲一样嗲声嗲气。

我心底失笑，凭声音就能升职，你家老板是声控？

秦刚挠挠头，她……比较会拍老板马屁吧。

这位女生身材矮小、样貌平平，当初进公司面试时，就依靠声音好听，挤掉了秦刚的哥们儿大周。

"最后剩四个人，两男两女。综面官出了跟工作完全无关的奇葩题，两两分组，每人一分钟，互相夸赞彼此。该女生和大周一组。大周觉得她长得普通，总不能昧着良心说好看吧？于是只好说，这位同事举止得体、有风度，说话声音让人如沐春风。然后，大周被淘汰了！"

"有点意思。"我问秦刚，"她怎样夸大周？"

"她说，大周是个特别热心的人。她没找到面试地点，大周就给她指路。而且，大周很绅士，每一次进出门，都会

硬核突围

主动让她们两个女生先进，一定很好相处。其实，大周和她的内容差不多啊。大周被淘汰也是冤。"

冤吗？

我拍拍秦刚的肩："兄弟，这姑娘不是嗲，是情商高啊。"

大周跟她这番夸奖的话，一个虚，一个实，一个敷衍，一个真诚，怎么会差不多？

为何会让候选人互相夸奖？我虽不能完全揣测面试官的用意，但就个人所见，不外乎是：检验你是否能发现别人的优点。

现代职场，讲求团队合作，越大的企业，越注重协作精神。某种程度上，一个人越懂得发现和欣赏别人的优点，就越能快速融入团队，自然也更易获得公司青睐。

会夸人的人最好命。

2

会夸人，不同于爱夸人。很多人常把"拍马屁"和"夸奖人"混为一谈。

《鹿鼎记》中的知府吴之荣，宴请韦小宝。韦小宝说："芍药可以喂马。"他立刻表态："对，对，卑职马上把扬州的芍药全挖了，送给大人喂马。"席间各路上司听了，都暗骂吴之荣卑鄙无耻。为了巴结京中大官，妄图毁掉扬州美景。

第四章
硬核表达：所谓职场高情商，就是一张口便见分晓

逢迎钦差，得罪一群直属领导，吴之荣给人留下的印象就是："真是个爱拍马屁的人。"

夸人是门艺术，要注意场合和火候，否则就会变成马屁精。像吴之荣之流，带着强烈的企图心，无中生有地捏造，就很让人生厌。

会夸人者，重点在一个"会"字，他们往往基于事实，发自内心。

贺知章是古代较为长寿的诗人，活到 86 岁。他仕途平顺，做官近 50 年。人人都说伴君如伴虎，他却一直是皇帝跟前的红人。他告老还乡时，唐玄宗带着文武百官去送，送了一程又一程，在当时造成轰动，在中国文坛上也留下了千古佳话。

他的好命，就在于他会夸人。

唐玄宗打算到泰山封禅，祈求天下太平，大唐江山永固，百姓安居乐业。朝堂上，大臣们吵得不可开交。一派主张清明封禅，另一派主张开国之日封禅。贺知章则站出来说："封禅之事贵在一颗为民之心，何必拘泥于时间呢？"

就这一句，既解决了问题，又夸了唐玄宗一心为民是个贤君，一举两得。

你说的每一句话，都是你的第二张名片。

真诚发现对方的优点，好好说话，能让你的名片传播得更广，也能比别人得到更多的机会和人缘。

> 硬核突围

> 会夸人者，往往一开口就赢了。

3

比张不开口更尴尬的是，即便开了口，却夸不到点子上。如前文的大周，他如果说那个女生长得漂亮，自己心里过不去，别人也不会信，这就叫夸不到点子上。

脸谱网的创始人扎克伯格，有一年给自己定了个挑战，主题是感谢。"每天写一封深思熟虑的感谢信，然后通过电子邮件或者手写信件的方式寄出去。"

扎克伯格通过这种方法，让自己善于发现别人的贡献和优点。结果，几乎所有信件的对象，与他的关系都更加亲密了。

《红楼梦》里有一个老太太叫赖嬷嬷，她是贾府管家赖大的母亲，尽管她的描写篇幅少，但情商完全能与贾母、刘姥姥抗衡，尤其是一张会夸人的嘴，特别能夸到点子上。

凤姐为了讨贾母欢心，故意道："老太太出二十两，替宝玉、黛玉出了；薛姨妈也出二十两，含宝钗的份子，这也公道。只是邢、王二位夫人，每位出十六两，出的少，还不替别人出，这有些不公道。老太太吃亏了……"

话音未了，赖嬷嬷站起身来。头一句就是"这可反了"，引起众人注意，再是"我替二位太太生气"。让人面色一肃。

第四章
硬核表达：所谓职场高情商，就是一张口便见分晓

只听赖嬷嬷道："凤姐是邢夫人的儿媳妇，是王夫人的内侄女，不向着婆婆、姑姑，倒向着别人。这儿媳妇成了陌路人，内侄女成了外侄女了！"

这是批评吗？分明是人人都夸到了！

一夸凤姐孝顺贾母。就算凤姐一开始有点"能"过头，经她这一注解全都圆回来了。二来强调，凤姐其实是邢、王二位夫人的内亲，两位夫人怎好真恼？

周全妥帖，边边角角全照顾到。明着是说公道话，实际是拍了个迂回起伏的马屁。峰回路转处，好话说得柳暗花明，人人满意。不怪她话音一落，众人大笑，屋子里充满了快活的空气。

<u>夸到点子上，被夸者开心，夸人者也收到了正向反馈，一来一去，良性关系步入正轨，自然就不会有那么多不必要的心理负担。</u>

4

职场上，我们该如何夸人才能夸到点子上？这里分享三个技巧。

（1）以细节，代替纯感受

言之有物，是最核心的考量。

"你的总结写得很到位，很棒！"这叫作纯说感受，接

收讯息的人，大概率只会把它当作礼貌的客套之辞。

但如果你说："你的总结写得很到位，我注意到你查了十几份文档，所有数据都非常严谨，格式排版也很规整。作为一个新员工，你非常棒！"这就既包含感受，还有细节支撑，会让夸奖有的放矢，真实可信。

（2）以提问，代替直接夸

有时候，把夸奖藏在提问里，或许能收到更好的效果。比如，同事做了幻灯片，与其直接说你的幻灯片很漂亮，不如延展一下，问他："我觉得你这个动画效果真的好专业，这是怎么做的？"

这样的提问会让赞美显得更走心，也会让被夸者更有成就感。而且，若对方真的愿教，咱们不是赚到了嘛！

（3）以落差，代替直接夸

写作中有一种手法叫欲扬先抑。这种技法可套用到夸人的场合。比如，某同事擅长烹饪又乐于分享，她带了自己烤的蛋糕分给大家吃。

常规夸法："这蛋糕真好吃，将来谁娶你太有福了！"

落差法："啧啧，坦白说，我一直认为你是个工作狂，没什么生活情趣的。真没想到，你竟然能做这么好吃的蛋糕。看来，刻板印象害死人呐！"

有句动人的情话是这样说的："我喜欢你，不是因为你是谁，而是因为和你在一起时，我是谁。"

这话很甜,也揭示了人与人的和谐相处之道:

我对你好,是因为这能让我变得更好。赞美,是社交关系最好的润滑剂,赠人玫瑰,手留余香。

习惯开口夸人,是对自己最好的滋养。

硬核突围

4.3 那个把老板当下属使唤的同事，获得了 10 万元的奖金

1

职场打拼，无论处在哪个阶段，都有一门需要不断精进的功课——向上管理。

前两天，我遇到前同事刘曦，她说又准备辞职了。问起原因，竟然特别简单。刘曦跟同事小柳各自跟进一个大客户，老板表示，谁拿的订单金额大，就给谁额外多发 10% 奖金。刘曦夜以继日地跑客户、做方案，就想通过努力，胜出比拼。

小柳则完全相反。她动不动就找老板汇报、诉苦，最终要到了更低的折扣，凭此条件，签下了比刘曦金额更大的订单。刘曦又气愤又不服。她们后面还跟了几次客户，小柳总是故伎重演，处处压刘曦一头，年前还得意地放话，说这几单加上额外奖金，她已经拿到了 10 万元。

刘曦更加愤怒："小柳明明作弊，竟还比我多拿奖金？！

这种老板也是够了,就喜欢被人当下属使唤?他难道看不见,我每次都是单枪匹马、辛辛苦苦地拿下客户?"

情理上,我理解刘曦的不甘与委屈,但从职业化角度来分析,她其实不冤。

老板的核心目标是拿下金额更大的订单,他根本不在乎由谁获得奖金,刘曦也好,张三、李四也罢。

现代职场讲求团队协作,单枪匹马的个人英雄主义并不值得称颂。何况,你不开口,老板自然不懂你的现状,也就不会来帮你。

插座学院的创始人何川曾说:"管理的本质,不是权力和头衔,而是资源的争取与调配。"刘曦这件事情的失败,核心原因在她没管理好与上级之间的关系。

真正厉害的职场人,都懂得做好向上管理,聚焦目标,争取最好的资源,让上级为己所用。

2

我当年初入公司,因为擅写故事,被上级老卢指定负责部门年会节目的编排。我独自一人吭哧吭哧干了几天,整出了一个小品脚本。提交的同时,我向老卢提了三个条件:

第一,我想要几名表现欲强的同事参演,需要你帮助协调;

第二，服化道方面，我需要公司提供预算；

第三，从节目效果考虑，需要老卢亲自出演，我想把你设计成一个反面角色。

在跟老卢提条件前，我经过了审慎考虑。

考虑一：这件事的重点是什么？

我们部门以前的节目都是歌舞类，既常规，又不出彩。上司老卢是个有"企图心"的人，他从不放过任何一次在大领导面前展示部门文化的机会。所以老卢找到我，目标并不是要一个常规节目。内心深处，他希望夺人眼球。为了效果，他一定会为节目保驾护航。

理清以上重点，才能确认我是否能得到支援。

考虑二：我要怎样跟上司沟通？

首先是聚焦目标，切中痛点。我直接聚焦老卢想要的节目效果，并提出要求。其次是言之有物，展现自信。要什么人，要人来做什么；老卢也要出演，他出演的目的与角色设定等，我都说得清楚明白。交流时间很短，但效果很好。老卢听后哈哈大笑，一一应允。

演出结束，我们的节目脱颖而出。此后连续3年，我们部门都拿到了最佳年会节目奖。老卢多次获得大领导表扬，我也在全公司内牢固树立了自己能写擅排的人设。

这件事让我意识到：人人都可以是管理者，管理与身份无关。对上级做有效管理，更能成就彼此。也因此事，即便后来我离职了，但和老卢仍保持着良好关系。

3

身在职场多年，我见过太多人一见老板就匆忙低头，或者干脆绕道。而真正高情商的做法是，不会刻意避开老板。

事实上，老板只是一种职业身份。他虽在公司掌握了最多资源和话语权，但同时也是个会怒会笑、活生生的人。你越把他放得高高在上如同图腾，就越无法和他有正常的工作连接。

打造平等和谐的双向关系，其实是在为你的后续工作，增添助力。所以，关于职业化的向上管理构建，我们不妨从以下三个原则去尝试：

（1）非他不可原则

管理上级，不是大事小事都去"打扰"领导，否则要你何用？但在实际工作中，有些事情又是只有你的上级才能完成，非他不可的。

我的大学同学阿青曾在一家新媒体公司上班，岗位是编辑。她进入公司后，发现整个团队如一盘散沙，工作几乎无法开展。由于阿青位低人微，当她与写手、画师联系时，经常遭遇无人搭理、毫无成效的局面。

思前想后，阿青花了一周时间，给上级写出了一篇工作流程建议。条理清晰，分工明确，上级频频称赞，立刻按照这份表格重新制定了分工。在获得支持后，阿青的工作开始变得平顺，推进起来毫无阻滞。

（2）简明扼要原则

每个人的时间都很宝贵，你老板的时间无疑最贵。

摒弃个人情绪，在一句话内言简意赅地说清诉求，且有论据支撑，更易获得老板的支持。

我们来对比两段话：

"领导，跟您汇报一件糟糕的事——客户提了额外要求，我们可能要做更多的事。我跟几个负责人分别沟通，大家一致认为靠现有资源是完不成的，客户简直太变态了！但这项目盘子大，为了顺利验收还是得做，因此可能需要增加预算，不过也不多，大概30万元就够了，领导您看……"

"领导，我想向您申请预算，总共30万元。原因是客户额外提了要求。这个客户很重要，对比整个项目盘子，这笔投入不算高，依然能满足公司的利润率标准，请您定夺审批。"

毫无疑问，后者逻辑清晰、切中痛点，获批的可能性更大。

（3）换位思考原则

很多人容易把个人诉求当作公司或上级的目标，这是大忌。

比如，我在负责年会节目时，若跟老卢说："领导，这个节目火了，我的奖金会不会多点？毕竟我也额外花了精力和时间。"

我若真这样说话，就不叫向上管理，而是叫趁火打劫、无脑邀功。

始终站在上级的角度，以他的诉求为出发点，才有可能获得他最大程度的支持。

彼得·德鲁克（Peter Drucker）在《卓有成效的管理者》（*The Effective Executive*）一书中说："工作想要卓有成效，下属发现并发挥上司的长处是关键。"

单打独斗的时代早已过去。今时今日，一个人在职场里能走多远，除却自身职业素养和不懈努力之外，更多是依赖于调配资源的能力。

做一个卓有成效的"职场管理人"，好好管理上级这张大的资源牌，会是你在职场中快人一步升职加薪的制胜法宝。

硬核突围

4.4 "柠檬精,你就是嫉妒邀功精"

1

职场有时就像斗兽场,你可能一不留神就遇上各类"精怪"。

小龙在微信上问我,有什么好工作推荐?我挺奇怪,他一个前阵子还在朋友圈晒公司福利、炫耀拿了年终奖的人,怎么突然想跳槽?

他气呼呼地说:"老板偏心啊!我们部门主管的位置空了,你猜最后谁上位?是那个没事总往老板办公室跑,拍照硬挤也要站到老板旁边的小郑!大家业绩都差不多,我进公司年限比他长,可他居然爬到我头上!凭什么?凭拍马屁?"

我笑笑,不置可否,因为他的话我只信一半。

那个小郑或许的确是个"邀功精",但若说仅凭这一手就能成功坐上一家大公司部门主管的位置,我不信。

身在职场,你若完全不懂得自我展现,还一味酸别人的成绩,你不也正是一枚"柠檬精"吗?

2

英国朴次茅斯大学心理学教授的研究表明:6个月至3岁的婴幼儿,就已经懂得用假哭与装笑来吸引父母的注意。

可以说,"展现自己"这件事,是人类与生俱来的天性,但在职场上赤裸裸地展现天性,就是缺心眼与没情商。

你是否经常见到这样的场景:部门开会时,领导发言后,总有人会抢着第一个站起来,张口就歌功颂德;开展团建活动时,有人永远只做两件事——帮领导点歌、陪领导喝酒,却对其他同事爱答不理;发常规邮件时,心机同事的抄送列表总是一大堆,恨不得把全球总裁一起加上……

这些只为出风头、不管不顾的邀功,就是一种无脑行为。

真正厉害的"邀功精",不会被人一眼看穿。合理邀功,是基于你自身值得展现的资本,在适当的场合,把它恰如其分地表达出来。

3

有位知乎意见领袖讲过一个故事。他之前做新媒体运营,信奉酒香不怕巷子深,笃定只要努力,老板就会看得见。那时，他的主要工作是数据分析。他做得很用心，常常把各种数据列成一张表，并分享给其他同事。

有一天，同部门的一个同事升职。老板在会上大力表扬："大家看，××做事非常用心。这数据分析做得太到位了！"

他抱着学习的心态去看到底好在哪里，一看就气炸了。"这就是我做的数据分析，她竟然拿去跟老板邀功！"生气归生气，他立刻就醒悟了：不要相信老板看得见你所有的努力。

越大的公司，老板越有可能看不见你的努力，你得学会"晒"出来。

正如《奇葩说》中所说，认真工作的人不邀功，就会让不作为的人有邀功的机会。

邀功是为了让你的功劳不要放在不配的人身上。

创业期间，我也曾遇过这类情况。

有一阵很忙，过了截止时间挺久，我才想起先前布置了一篇人物稿，似乎还没收到反馈。我去问负责稿件的小彭。小彭说："早写完了呀，您一直没问要，我就没说。"这话听得我有些皱眉。不问就不说？如果我一直不问，这事就不了了之？

小彭这样的，还真不是个例。不少职场新人似乎都存在这样的认知：只用把工作完成，不用管结果是否是公司需要的。新人们不明白，不管什么类型的老板，他们或许会为你的工作过程鼓掌，但最终，他们只会为结果买单。

邀功不是逼功，决定权在老板，表达权在员工。

老板要亲自看成绩，员工也要亲自说成绩。

在《请给我结果》一书中，作者写道：一个员工单纯地做事只是在完成任务，充其量得到的是苦劳，而其做事的结果，才是判断其有无功劳的基础。

你若不主动说做事结果，真的别指望老板会自己发现。

4

马东在《奇葩说》中曾说："生活人格和工作人格是不同的。讨厌邀功精是生活人格的本能。但在职场人格中，邀功是有价值的。'邀'就是'要'，它代表了你有要做出价值和体现价值的欲望。'邀'是进取的态度，'功'是结果导向的必然要求。"

他的话说出了本质：生活中的邀功精不讨人喜欢，但在工作中却是老板所看重的正向特点。

既要展现，又不能展现得太过，分寸如何拿捏？我们以一个典型场景为例来说说。假设你获得了优秀员工奖，该如何在年会上发表获奖感言？

大家同属一个部门，活干得差不多，竟然偏偏你得奖？此时，台下的"柠檬精"一定不少。为了安抚空气里弥漫的酸味儿，大部分人的思路是：说感言时，尽量带上别人的名字，这样不会得罪人。

就像电影颁奖盛典上，演员上台领奖时通常会说："感谢导演、感谢制片人、感谢我的搭档××及幕后团队，你们辛苦了。这个奖不只是我的，更是你们的。"

这样的表达，及格，但过于套路，毫无力度。

我们换个角度，从本质上去思考：老板为什么要让优秀员工上台发表感言？

答案不言而喻：树立榜样，让其他员工见贤思齐。所以，一段优秀的获奖感言，可分为两个部分：

一是有的放矢，表达感谢。泛泛地感谢某某，等同白说。

但如果你说："在A项目中，小孙连续陪我熬了3个通宵，帮我纠正了5个错误，这才有了最终的好成绩，感谢小孙！没有他，我不可能获得这个奖。"

不抢功，不居功，用细节帮没获奖的同事凸显价值，这是展现团队精神最好的方式。

二是客观真诚，总结经验。"其实大家都做得很好，为什么是我获奖了？我想或许是在这三点上展现了我的亮点。借此机会，我总结一下，给大家提供参考。相信来年大家也都可以获奖。"

以干货代替套话，传递对其他人真正有价值的东西。

这样说，相信不止小孙和其他同事服气，老板也会对你另眼相看。

5

适度展现，是门学问。

真正厉害的"邀功精"，都懂得正确看待"邀功"这件事：可以邀功，但千万别只是精于邀功。

聪明的职场邀功，是树立积极的人设，而不是树敌。每一次邀功，都应拿出实绩，当成进一步树立个人品牌形象的机会，让"柠檬精"们心服口服，让自己的职场路顺风顺水。

愿你我都能成为游刃有余的展现者。

硬核突围

4.5 她用几句话，换来一套两居室

1

有读者问，为什么在职场反馈问题，要跟领导私聊？有时候，真的很想当众质疑。

在我说答案前，让我们先来看作家赵永久写过的一个故事：他有一个女学员，所在单位分房子。她未婚，所以只分到一室一厅。她感到不公平，就去了办公室，私下跟领导谈。"领导，都是一样的工作年限，别人分的都是两室一厅，我的却是一室一厅，我感觉很委屈。"

她没有说"不公平"，说的是"很委屈"。"不公平"是讲道理，且颇有指责的意味。那领导也就很有可能会和她讲道理：一个人住肯定是一室一厅啊。但是说"很委屈"就不同了，这是一种感受。放低姿态，私聊示弱，让领导站到自己的立场。一起工作，有着"战友"情，领导能明白这种感受，于是便给她调换了。

遇到不公正，要不要说？当然要。但怎么说，用什么样

的方式和方法说，不妨学一学赵永久的这位学员。可以说，是"场合思维"四个字，让她获得了这一套两居室。

什么是场合思维？公开场合，说大家关心的事；私密场合，说自己的事。

真正的聪明人都懂得，说话办事，需要因地制宜。

2

身在职场，我们经常会提及，要注意TPO，TPO是Time（时间）、Place（地点）、Occasion（场合）的缩写。这是指要依据时间、地点及场合，做出适当的行为举止。但现实中，不少人毫无场合意识。

表弟跟我吐槽，他攒了很久的钱，买了一款名牌手表。午饭时间，几个同事围过来看，大家都在夸赞他有品位。一个男同事问，多少钱，在哪儿买的？

表弟如实回答，这位男同事呵呵一笑，开始科普："买贵了！买贵了！我有个朋友也是戴这个品牌，从其他渠道买的，比你便宜不少！你这块表……款式过时了，上个月有新款发售了。"

本来挺欢快的气氛，一下子陷入集体尴尬。

同事关系，是为了共同工作而临时催生的。由缘分链接，不一定由情理链接，属于"不稳定关系"。

| 硬核突围

　　成熟的职场人处在这样的关系当中，不光是要懂得守口如瓶，更要懂得守脑如玉。

　　缺乏场合思维的人，只在乎自己的利益。他们不是不明白，不同的场合要有适宜的言行，他们就是只顾自己开心。所以在生活中，我们常常能见到这样的场景：

　　孩子拿了奖状，六婶在聚餐饭桌上眉毛一掀，满脸不屑："高兴成这样，也就三毛钱一张，我家囡囡去年得了奖杯……"女人刚离婚，闺蜜在聚会上当众来一句："早跟你说了，那个男人要不得。你看我家老公就不同了……"

　　你要知道，真正的亲朋好友，私底下损你无所谓，但公众场合绝对不会给你难堪的。那些在公众场合里没有分寸、开你玩笑的人，心里其实就是想看你出丑。

　　蔡康永说，你说什么样的话，你就是什么样的人。这些没有场合意识、不带脑子说话、对你刻薄的人，就是恶意满满的人。

3

　　《奇葩说》播放时，李诞喜欢在选手的发言过程中插话。有一期，他又打断了陈铭。陈铭并没有面露不悦，只是微笑着说："在诞总眼里，场上坐着一百个笑话。"

　　一句话，既很好地承接了自己的观点，又回敬了李诞的无礼打断,暗嘲李诞不过也就是个笑话。

而冠军争夺赛那晚,陈铭获胜,大家鼓掌祝贺。但实至名归的他并没有跟着周围的观众一起欢呼,而是快速走到亚军颜如晶身旁,和颜如晶握手。辩论场也是工作场,对方辩友也是竞争对手。输了比赛,没有针锋相对,只是礼貌回应;赢得胜利,没有急于享受喜悦,而是考虑对手的心情。

言行有度、顾及他人感受、拥有场合思维的陈铭,不负奇葩之王的称号。

迈克尔·珀尔(Michael Pearl)在《优秀是这样训练出来的》(To Train Up A Child)中说:孩子稍大一些,就要选择训练的场合。记住,不能再在公共场合不给他面子。要等到回家再告诫他,使他下次遇到同样的场合,也能规范自己的行为。

你看,即便是孩子,也要教会他们,注意公共场合,学会规范行为。

老话说得好,凡事都要有个度。度,就是规范,就是把握好分寸。

江西的熊女士"因在工作群里说脏话被辞退"事件,曾引发热议。熊女士称,公司录用她时保证月薪3000元,但到手只有1680元。后来有同事得到补发,自己一直没得到。冲动之下,她在工作群里开骂了。老板随即将她踢出群并解雇,说已提前告知,工资按业务量走,她的业务量不达标,所以不会补发工资。

为了维权,熊女士已经申请了劳动仲裁。

有网友对熊女士的做法产生怀疑,觉得她很没素质;也有网友觉得公司不对,前后口径不一。劳动法里没有规定,员工说脏话,老板就可以不发工资。

孰是孰非,我们交给仲裁。单从人际沟通的角度看,熊女士完全可以私聊,领导也完全可以私下沟通。

这种将问题混在一起的处理方式,显得双方都不够职业化,做法简单粗暴,有欠妥当。只有注意把握分寸的人,懂得在社交场合里进退有度,才更容易办成事。

4

知乎上有一个问题:如何做到说话办事有分寸?

有一个回答是这样的:"把自己当自己,把别人当别人。把自己当别人,把别人当自己。"

《北京女子图鉴》中的女主角陈可,是一个初来乍到的职场小菜鸟,总是被同事压榨。被要求去收快递、去买饭……陈可一个人提了很多饭,饭洒了还要被责怪不小心;她帮同事寄快递,没有收到一句感谢之言。更可恶的是,不论她帮忙寄快递还是买饭,同事们都没有给钱,她都是用自己的钱垫付的。

第四章
硬核表达：所谓职场高情商，就是一张口便见分晓

同事觉得，她是一个新人，肯定不好意思主动要，也不好意思撕破脸。哑巴亏吃多了，陈可也没大吵大闹。她一个一个去找压榨她的同事，单独告诉对方："之前几次的快递费（饭钱）还记得吗？我是用老板的备用金垫付的，没办法，老板催了啊。"

那些同事立马改变态度，面露尬色，说是自己忘了，不好意思。

陈可没有咄咄逼人，而是不卑不亢地解决了问题。

有场合思维的人，都自带分寸感，既不让自己受委屈，又顾全了别人的体面。

不过度，有分寸，是场合思维的硬核之处。翟鸿燊在《大智慧》里说，三大要素直接影响沟通效果：场合、气氛和情绪。

我们三岁学会说话，却用一生学会好好说话。最重要的是，知道在哪种场合该放纵，哪种场合该庄重。

说话做事，具备场合思维才叫得体，才能取得良好的沟通效果。

硬核突围

4.6 总是说要一夜暴富的人，大概率会万劫不复

1

每到年关，总会听到许愿："祝我一夜暴富。"

知乎上有关于一夜暴富的问题，下面有个回答很有意思："关注这类问题的人，都有着一颗一夜暴富的心。"

一夜暴富是种什么体验？彩票巨款、拆迁巨款、突如其来的遗产巨款，还是意外之财？

总有人对意外之财念念不忘，希望有朝一日能必有回响。但却极少有人会问，那些一夜暴富的人，后来生活是怎样的？

我前阵子看微博，看到一个美国大爷，中奖21亿美元，6年就败光了。这件事令人动容的不仅仅是数字，更让人唏嘘的是他中奖后的生活：家破人亡。

16岁的外孙女布兰迪不断索要金钱，溺爱型大爷有求必应。一夜成为富家女的姑娘与男友开始沉迷毒品。后来，

男友吸毒过量猝死家中，姑娘患抑郁症离家出走。大爷想尽办法寻找，终于在一年后得知了外孙女的死讯。伏尸郊野，身体内检测到大量的可卡因。其后，大爷的女儿也莫名离世。

电影《华尔街之狼》的传奇主角乔丹·贝尔福特，曾在3分钟内豪赚1200万美元，31岁就坐拥亿万家产。

影片根据乔丹的个人回忆录改编，所述均为真人真事。他用自己的亲身经历告诉大家，一夜暴富不是神话。但同时，他又留下了深刻警示：<u>一夜暴富的背后，是万劫不复。</u>

2

我曾经有过短暂的炒股经历。当时，几个塑料情谊的朋友轮番劝我：手上有闲钱，干嘛不炒股？随便买哪只股票都能躺赚啊。

我看不懂 K 线图，也不懂如何评估一只股票值不值得买，却因为他们一句"躺赚"就动了心，盲目入了股市。在之后的几个月，每逢工作日 9 点—15 点，我的眼睛只看得见两个颜色：红色、绿色。令人沮丧的是，十次当中，有九次都是绿色。

忘了说，我入市的时间是 2015 年夏天，股灾的开始。炒股后，我第一次切身体会到什么叫作赌徒心态——股票翻红，它一定会涨得更高。不卖！

跌了？不卖！不然不就赔了吗？

暴跌？！哪怕涨回一点儿呢，来个涨停，我就卖。

可是，真的侥幸来了涨停，我的心态又会回到前两步，重新开始下一轮循环……

知名作家慕容雪村曾写到，如果你一没技术、二没资本，也没有背景，却有人跑过来说可以让你一夜暴富。<u>若他不是上帝本人，那么他多半是要骗你的钱。</u>

《华尔街之狼》里，乔丹的上级正是这样教育他的："假设有个客户花8块买了一只股票，现在涨到16块，他乐开花了，想兑现清算。这可不行！你得继续给他出金点子，让他拿收益再投另一只股票。我们这些经纪人从中收的佣金，才是实打实的现金。"

给客户持续画饼，让他们泥足深陷，成为虔诚的赌徒，对一夜暴富深信不疑，正是乔丹白手起家、31岁就迅速崛起为亿万富豪的要义。

<u>若你真相信一夜暴富，那一定是你的贪欲与侥幸在作祟。</u>

3

一夜暴富很难，但更难的是如何过好暴富后的生活。朋友大忘拿到的拆迁巨款是500万元，跟21亿美元的大爷比，不值一提，可是他的生活却差一点就跟大爷如出一辙了。

第四章
硬核表达：所谓职场高情商，就是一张口便见分晓

大忘原在私企上班，月薪4000元，过得小心谨慎。获得了500万后，他的腰杆硬了，立刻提交了辞职报告。他先去国外度了个长假，回来后时常出入澳门赌场。半年时间，500万赌得一分不剩。因为成天不回家，在外跟各种女人厮混，老婆寒了心，跟他离了婚。两个孩子也都不肯叫他爸爸。

钱来得太容易，往往不懂得珍惜。

张庆龙在《张爱玲传》里说："一夜暴富的穷人，只会一味挥霍他的所有。所谓来得快，往往去得也快，世间事有时就是这样经不起推敲。"

所以，对于那些在拉斯维加斯或者澳门赌博的人，最幸运的结果就是一上来输光，赢了才是悲剧的开始。

当一个人感受过几分钟甚至几秒就赢得了一辈子的财富时，他就再也感受不到稳定收益的快乐了。

2008年，大连打工仔张某大乐透中奖1013万元。出人意料的是，他将所有奖金，包括以前的存款、房车变卖后的钱，都全部拿来买彩票，期望中更大的奖。短短8个月的时间，钱全部花光。张某随后又分别向15位同学、朋友骗取借款236.5万元。再次血本无归后，他开始潜逃，4年后落网，被判处有期徒刑12年，并处罚金240万。

天降横财不是不劳而获的理由，更不是作恶的借口。伦常乖舛，立见消亡；德不配位，必有灾殃。

沉溺于赚快钱，就很难适应"赚得少"的失落，更难放

↑↑ **硬核突围**

弃执迷于捷径的念头。

4

《奇葩说》著名辩手黄执中曾说:"世上最大的悲剧,从不是坏人打败好人,而是坏人居然堂而皇之地自居为好人。"

《华尔街之狼》的结尾便是这样。刑满释放的乔丹虽然已失去了在华尔街的地位,公司荡然无存,但他从头至尾从未对自己的行为有过反省。当他作为销售培训师站上讲台时,台下听众望向他的目光,仍是满满的崇敬与渴望。

一批新的拥趸们,也选择性地忘记了他曾经做过的恶,只希望能从他身上获得快速赚钱甚至一夜暴富的秘诀。

这正是全剧最讽刺的地方。

这个世界上像乔丹这样的人有很多,他们凭借高超话术、蛊惑人心的手段来敛财。他们固然可恨,但更可怕的是那些轻易被瓦解心智的受害者。他们被骗后,甚至能摇身一变,果断加入施害者的行列。

从"榜样"这一点上来讲,巴菲特是个令人敬佩的富豪偶像。

曾有人采访他,问他积累巨额财富的秘诀是什么。老爷子在《致股东信》中回答:"从 1900 年到 1999 年,道琼斯指数从 65 点涨到 11 497 点,增长 176 倍,看上去很可观。

但年复合增长是多少？答案是并不诱人的 5.3%。"

他的话是什么意思？意思是：投资 100 元，每年只有 5.3 元的收益。这是一个很多人都看不上的数字。然而，正是因为他几十年如一日地坚守这个回报率，才成就了世界首富巴菲特。

重复做简单而可控的事，保持微小但稳定的增长，踏实生活，就是巴菲特的秘诀。

效仿他，不一定能成为他，但至少不会弄丢，更不会毁掉我们自己。

与君共勉。

⇡⇡ 硬核突围

◆ 4.7 "微信群还这样聊天？你不会有前途了"

1. 工作需要指点，但不需要指指点点

我的学姐莎莎是世界 500 强外企的人力资源总监，在业内常被邀请去讲课。她在一场面向千人的演讲中说了一个亲身事例，让我印象深刻。

她刚入职时，某天午休，不经意听到同事暗地嘲笑她，说她的言谈举止跟外企一点都不匹配。之后，同组一位女孩"好心"来提点她："在 Office（办公室）也好，在微信群 chatting（聊天）也好，你说话的时候要有点儿腔调呀，Just like me（就像我一样）。这样才 fashion（时尚）啊！"

莎莎讲到这里的时候特别感慨："我始终记得，那个女孩张合着鲜红的唇，叫我英文不行就赶快去上补习班。她说，微信群还用纯 Chinese（中文）聊天的人，怎么可能会有 Future（未来）？我很感谢她告诉了我同事们嘲笑我的原因，可是一想起她眼睛里的不屑，我并不想说谢谢。"

事实上，莎莎是英语专业毕业，等级专八，后来还去国

外读书、实习过。在公司业务往来上，她使用的英文规范而专业。至于平时说话和用微信交流，她并没有中英文夹杂，一来是刚进公司不清楚也不适应，二来是感觉半中半英挺没劲，纯英文交谈又怕别人说自己在炫耀国外经历。

"这份'好心'，是我遇见的最大傲慢。"

新人的工作是需要指点，但不需要指指点点。

很遗憾，在职场中，我们总会遇见这类优越感爆棚的"好心人"。

沟通里最可怕的恶意，是将自己的理解凌驾于他人之上，还打出了善意与直言的旗号。

2. 别让进入公司的年资，变成表达轻慢的仗恃

莎莎学姐的经历，我也曾有过。

进爱立信之前，我在一家外企实习。带我的是大我 8 岁的小江哥——一个时髦的人。由于我没有英文名，一同实习的兄弟告诉我，小江哥不止一次私下笑话我："我带的那个 trainee（实习生），真的很土，没文化，一看就是小地方来的。"

他总是以过来人的身份告诫我："你啊，要 keeping up with the times（与时俱进）。"他说，他比我早入外企这么多年，什么门门道道都清楚。

硬核突围

实习结束，我没和公司签约，而是去了爱立信，也一直没取英文名。主要原因是懒，其次公司也没硬性要求。当然，可能还因为我一想起小江哥傲慢的脸，就产生了逆反心理。他说人要与时俱进，我承认这一点很正确，但英文名这种事，他愿意取是他的自由，我不愿意取也是我的自由。

总有像他这样的人，喜欢以自己的经验为准，高高在上，颐指气使。

"审美不行，LOGO（标志）要放左边。你这个PPT（幻灯片）真丑。哎，为你好我才提醒你的。"

"我说句不好听的，你别介意。你这份年终总结，感觉像没学过公文写作一样！"

"这件事不是我说你，你太蠢了。做销售不能太实诚，不会骗人的销售能是好销售？"

卡夫卡说："所有的意见，我都可以接受，但希望意见不是为难我；所有的指责，我都可以接受，但希望指责不要是恶意的。"

每个职场新人都是渴望并感谢提点的，但我们需要的是真心帮助，不是表面好心实则伪善的嘲讽。

过来人的经验是很宝贵，可是别让进入公司的年资，成为你向我耀武扬威、表达轻慢的仗恃。

3. 对人提意见的初心，不应是迷信资历而滋生的傲慢

很多职场老人喜欢论资排辈，长篇大论，但其实说出的话不过就是想表达四个字：我是权威。

你说他没情商、沟通没水平吗？并不是。他们只是太笃信自己是权威，喜欢以身份压人。但是在职场，对人提意见的初心是求同存异、去伪存真，而不是迷信资历，戴着傲慢的光环去睥睨众生。

评点别人时展现的态度与语气，最要不得的就是傲慢。因为提意见体现的不仅是情商，也是职业素养。

知乎上有个问题："有哪些是读书学不来，却很重要的素质？"

一个获得高赞的回答是这样的："平和悦纳一切的能力。当你的见识与广阔的世界相接，就会发自内心地接受世界之大和多元。"

善于建言者，往往都具备平和悦纳的能力。平静温和，是语气语调，也是态度措辞，是不左右别人，也不被别人左右。

这个社会有太多人喜欢用"我说话直"来作盾牌，躲在后面肆意投掷刀枪箭矢，效果往往适得其反、两败俱伤。那么身在职场，应当如何提意见才算专业妥帖？

（1）面向对象：评估彼此，知己知彼

《三国演义》里，关羽听说马超来降，就想跟他比试高

低。诸葛亮立刻修书一封道："犹未及髯之绝伦逸群也。"意思是马超是挺强，但也就跟张飞一个档次，跟您美髯公差得还挺远呢。关羽收到信哈哈大笑，放弃了入川的念头。

诸葛亮建言的原因是，关羽若擅离战略要地荆州，曹魏便会乘虚而入。但他为何不直说？因为他深知关羽"傲上不傲下"的性子，知道这样说最有效，这叫"知彼"。而在蜀汉军中，关羽除了大哥和三弟，也就服诸葛亮，因此诸葛亮笃定自己说的话他能听，这叫"知己"。

现实中，未经评估就直言的例子很多，例如华为著名的"上任正非万言书"事件。

一个刚加入华为的北大毕业生，给任正非上了一份万言书，大谈华为的发展战略。任老板直接建议辞退此人。

做企业不是纸上谈兵，都没好好深入一线工作过，就好高骛远，来给一个身经百战的企业家谈战略，这当真是既不知己，又不知彼。

在职场中，若打算对别人发表意见，不妨先考量一下自己处在什么位置，对方是同级、下级还是上级，自己对整个事态究竟掌握多少。

只有做到了充分的"知己知彼"，你提出的意见才会更有的放矢，更容易被对方所接受。

（2）面向事件：聚焦细节，指明方向

"这写的都是什么？你有没有脑子？"

第四章
硬核表达：所谓职场高情商，就是一张口便见分晓

"一件小事都做成这样，你是不是对我有意见？"

"这都不懂？难怪图做得那么丑。"

看，当你提意见时，如果只把注意力放在人身上，语句就很容易变成人身攻击。

提意见应该聚焦于事件本身，越具体越好，若能在此基础上指明方向，那更是再好不过。比如，对幻灯片做得不好提意见，你可以说："你这版幻灯片没有提供数据和统计结果对比，根本看不出重点啊。"

你也可以说："总体还是不错，但如果是我做，会加入一些数据和统计对比。我记得上周的销售报表里就有类似的内容，你可以找小李拿来参考一下。"

毫无疑问，前者虽也是就事论事，但并没有给出任何建设性意见，最终很可能会被对方认定是指责；而后者则清楚给出了解决方案，措辞上也柔和了许多，被欣然接受的可能性自然会大得多。

（3）面向行为：以正反馈，代替负反馈

从人性角度看，没有人喜欢被批评。就算他内心知道自己错了，却很可能因为指责方的不当措辞而反抗到底。

同样的意思，若换成积极正面的角度，效果或许会完全不同。"前两天明明还好，现在又一直闷着不沟通，我怎么可能知道你的工作进展？"

——这是负反馈。

"你前两天的积极程度真是令人眼前一亮,若能一直这样,我觉得下次的优秀员工肯定有你啊!"

感受到区别了吗?

相比负反馈的埋怨情绪,正反馈更能让对方欣然接受,做出改变,让自己变得更好。

4. 有话直说,不如有话职说

我很喜欢刘慈欣的小说《三体》里的一句话:"弱小和无知不是生存的障碍,傲慢才是。"

职场是个没有硝烟的战场,优越感、年资、权威、学历等滋生的傲慢,都像障目的叶子,严重阻碍了人们的自我成长和心智成熟。它让人沾沾自喜,有话就直冲出口。

提着意见点评的灯,仿佛全知全能,仅凭着蛛丝马迹半星灯光,就自认能完整窥知一个人和一件事情的全貌。

可是啊,这世上多的是我们不知道的事。

别让你的嘴暴露了你的修为,也别让你的傲慢出卖了你的见识。尊重个体的多元,和而不同。本着一腔善心,有技巧、有理有据地提出自己的观点,才是正确的方式。

身在职场,有话直说,不如有话职说。

第四章
硬核表达：所谓职场高情商，就是一张口便见分晓

● 4.8 "我想加薪"，可能是职场中最无用的一句话

我常常会收到读者的私信："想跟老板提加薪，您能分享一些技巧吗？"

"提加薪"，似乎是职场上特别典型却又尴尬的一件事。但我们认为，这事还真没啥"技巧"可言。因为，有关"怎样的待遇才是合理的待遇"这个点，老板与员工的认知从来不同。

我曾有过一次失败的提加薪经历。

那年我刚工作，自认为干得并不比其他人差，甚至还更辛苦，拿的薪水却还不到老员工的一半。有个老好人同事就给我支招儿："你去跟老板提呀。你不提，他怎么知道你想什么，当然就会继续给你低薪呀。"

同事还好心地教人教到底："记住，你得在周五下午快下班时提。"看我一脸茫然，同事神秘一笑："这时候老板的状态最松弛，成功率最高啊！"于是，那个周五下午临下班时，我战战兢兢地进了老板办公室，不管不顾地说了一通。

> 硬核突围

老板耐心地听完了我一大段工作勤勉的论调，问："如果你选择不跟着老付（一个老员工），自己负责 A 项目，你搞得定吗？"

我立刻犹豫了。先前，我觉得老付成天只知道应付客户，大部分的活儿都甩给组员，但现在一想到客户刁钻的嘴脸，我又难免有点心虚，还真没有信心能独立搞定。

看我诚惶诚恐半天没敢吭声，老板笑了，说："那要不……你再回去考虑考虑？"

提涨薪事件，以失败告终。

多年后，当我自己也成为管理者时才明白：提加薪这件事，说什么"注意时间点、多拍马邀功、要叫苦叫屈……"都不对！都是迷信与胡言乱语，都是没用的招儿。

想跟老板提加薪，什么是有用的？我想跟你分享三点。

1. 待遇合不合理，要看哪些因素？

一看市场。你所在的行业是夕阳企业，还是朝阳行业？是处于蓝海，还是红海？当前经济大环境的好坏，是老板决定给你开多少待遇的根本因素。

譬如说，3 年疫情后就业环境变得较差，导致以高薪笑傲全行业的互联网人群遭遇职场寒冬，且说来就来——前有特斯拉公司计划重组，辞退将近 10% 的员工；后有美国电信运营商威瑞森公司（Verizon）裁掉 4.4 万名老员工；还有日本东芝公司陷入危机，宣布裁员 7000 人……

国内多家科技巨头公司也陆续传出减少、暂停招聘，甚至考虑减员的消息。如此环境下，能保全工作、稳当"活下来"就相当不错了。据说很多公司提出降薪 20%，也没人主动举手离开。大家都知道，现阶段赚钱没那么容易，贸然离开可能一时间也很难找到更好的工作。

二看公司。你的公司在行业内处于什么地位？公司的赢利情况如何？这些因素在很大程度决定了你的薪酬标准。我的前东家华为公司，就是把涨薪标准明确写进了条文款项中："每年，公司根据当年赢利，拿出固定占比，作为奖金包和涨薪幅度的依据。"当年若不赢利甚至亏损，员工是没有涨薪的。没有人提出过异议，员工们都觉得公平。

公司与员工的关系，是水涨船高，是它好我也好。只要它在好的时候，不克扣我，善待我，那么我也愿意理解、包容它不好的时候，并在自身能承担的情况下，尽可能与它一起对抗"严寒"。

三看老板。大公司对自身营收通常会有基准，拿出多少比例用于员工薪酬、研发投入、市场经费等，往往都有严格规定。相比之下，小公司会任性得多。赚 100 块，老板愿意分你 30 块、10 块，还是 1 块，常常因人而异。所以，我们不难发现，职场会有吐槽声，说老板一面盲目学习狼性文化，一面只给员工喂草。

只谈情怀不谈钱，这种老板自然跟不得。

老板肯分多少给你，是判断其是否值得跟随的最好试金石。

最后来看个人。明明是干同样一件事，为什么老板给别人涨薪 10%，只给你涨 5%，甚至不涨？是裙带关系，还是老板偏心？又或者，是你无意中得罪了上司？

这些情况都可能存在，但如果只会这样想的人，那么他在老板眼中大概也就值这点钱了吧。

职场如战场，没有借口可讲。一味只知道找外部原因，不肯低头审视自我，只会让你停止努力，陷在怨天尤人中不可自拔。

什么是契约精神？就是你出力，老板出钱。职场不是福利院，赔本买卖无人愿做。公司的核心目标是赢利。根据个人创造价值的多寡来决定薪酬水平，无疑是最公平的事。

2. 提涨薪有意义吗？

当然有！

第一层意义，是帮助你更好地了解老板。如果你业绩优秀，薪酬明显低于业内平均水平，老板又迟迟不涨薪；你提涨薪，他还画大饼……那么我建议你别抱侥幸心理了，赶快另谋出路，远离为妙。

第二层意义，是帮助老板更好地了解你。提涨薪至少能带给老板三个信息，让他知道——

第一，对于当前的薪资，你是不满意的；

第二，钱这种激励方式，对你是更有效的；

第三，你是个敢于直接表达不满的人。

最后一点尤为重要。某种程度上，意味着该员工更有进取心，并不是保守的"闷葫芦"。

去年，小孟向我提加薪，我当时未做表态。大概两周后，公司接到一个极具挑战性的项目，我仔细权衡，决定让她参与。

论能力与经验，小江比小孟强，但小江属于从不主动型，给什么就做什么，做完了也没有任何想法。同时，她对自己的待遇也从未提出过质疑。小孟加入项目组后非常积极，贡献了很多创意，项目成果卓著，我们最终拿下了长期合作协议。而小孟也如愿涨薪。

我们要明确一点：加薪，不是小孟"要"来的。她主动提出时，我并未明确回应，我只是知道了她的不满意。不满意怎么办？那我们就试试，你究竟值不值得更多薪资——

"我已经准备好。"

"我想承担更多。"

"您会发现，我值得。"

提加薪的真诚度，代表着你的进取心。

尽管加薪这件事，不是你想要就能要到，但"提涨薪"本身，绝对非常有意义。

3. 你如何看待"回报"这件事

加薪是一种回报，但它是我们在认真工作后最值钱的回报吗？黄执中在《奇葩说》中说："我们到自动贩卖机前买可乐，硬币投进去，可乐要立马掉出来，不然就感觉自己被坑了。"

职场上，很多人都抱着这种"贩卖机"心态——"你给多少钱，我就干多少活，否则我不就亏了、被坑了吗？"

读者波米告诉我一个故事。

波米的前同事小孙是个精明人，口头禅是"咱们要讲公平，谁也别占谁便宜"。小孙跟波米同期入职，他们转正期刚过，就碰上了一次难忘的加班。那天已经下班了，公司临时有紧急任务，需要第二天一大早提交客户方案。老板通知波米全组人回来加班。波米说，他是知道公司有加班费规定的，但他和小孙是第一次参与，不清楚会有多少钱。不过，自己也不敢问，既然回来了，就想着先好好做完事吧。但小孙偏不是这么想的，他在座位上不断向老同事打听加班金额。知道是每小时 50 元后，就一直小声嘟囔"才这么点钱，太亏了"。那晚老板走后，小孙开始敷衍工作，一会儿玩手机，一会儿上网，迟迟拿不出结果，负责汇总的同事来催了好几次。

波米最后看不过去，帮小孙弄完，大家这才早些回家睡觉。

当月发工资时，每个加班员工都拿到了200元的加班费。小孙挺高兴，说还不错，加了3小时5分钟，也按4小时计了。波米当时在心里叹气，最后那40多分钟，小孙明明都在玩。

季度末，因项目收益良好，老板给全组涨薪300元，这次却没有小孙的份儿。他去找老板理论，老板说，那天晚上，你干完活了？小孙知道是被汇总的同事投诉了，于是他愤而辞职。

小孙后来也是四处跳槽，没一份工作干得长久。

有些人但凡有额外投入，就一定要求及时回报，否则大概率会撂挑子，这就是典型的把公司当自动贩卖机。当我们凡事都抱着"自动贩卖机"思维时，又该如何理解一个呱呱坠地一无所知的孩子，是要经过漫长的熏陶与教育，才能真正成事？

硬核突围

4. 你如何定位职场中的角色

回报从来都是多元的。

认真工作的回报，取决于你想如何定位自己在职场中的角色。把自己定义为"打工者"，斤斤计较，生怕吃亏，就可能真的会吃亏；视野长远，把每一份工作都定义成是为自己而做，为将来的财务自由、自己当老板而做，你就会赚回精彩人生。

"提涨薪"这件事，经济回报是职场生涯的一环，但未必是最重要的一环。体验、复盘、成长、人脉，这些才是对未来的你，更值钱的回报。

后 记

成熟的人，不做从 0 开始的事

2015 年下旬，我离开待了十年的职场，选择重新开始。这无疑是一个莽撞的决定，但彼时的我，傻傻地自恃着四个方面，认定自己是有底气的：

一是热爱。尽管是理工男，但我从小热爱文字，笔耕不辍。

二是过往的肯定。无论是在学生时代还是在工作后，我都曾凭借写作能力获得了鲜花与掌声。

三是名企光环。十年"500 强"的从业经历，给了我充分的自信：我好歹也曾在头部企业里干得游刃有余，做点其他事情，难道不是降维打击？

四是金钱。工作多年，我好歹有些财富积累，还是可以稍微折腾一下的。

以上论述，来自我的合伙人焱公子。他的故事在前言部分中有写到过，此处不再赘述。

合伙多年，每次听他谈及当初的遗憾，我都很感慨。事实证明，只有第四点，是在他的创业中发挥了一点实际作用的，让他的第一家公司多撑了一段时间。而其他几点，在某种程度上反倒成了负面干扰。

而我是在 2017 年裸辞的。我曾在体制内工作，是人人喜爱的大笔杆子。扎实的文字功底给我带来的是，远超同龄人的升职加薪机会。

跟焱公子一样，我也曾经自信满满，认为凭借着自己的足够努力，肯定能干出一番事业。但我也是在真真正正吃了很多亏、赔了很多钱、交了一笔又一笔学费后，才觉得自己弄明白了职场规则，也才敢说掌握了一些基本的创业者生存法则。

借此机会，我也想给大家说几句掏心窝子的话，这也是我俩创业以来最核心的经验和感悟。

一、成熟的人，不做从 0 开始的事

焱公子是跨界创业的，从通信圈转到自媒体。

这是他跨界后踩过最大的坑，更可怕的是，这个坑还是自己给自己挖的。

他在通信界待了十年，有很深的行业积累，所以在离开时，就有好心同事建议他，不妨做一些与通信相关的事，例如注册一些自媒体账号，用来发表行业洞见。可他一口回绝："已经分手，干嘛还藕断丝连？我既然离开，这辈子就

后 记

绝不再碰跟通信相关的任何内容。"

相当长的一段时间里,他都在刻意避开自己的过往。

他不谈华为,不谈爱立信,不说他曾经是做什么的,也不展示他的专长。他抛掉旧圈子里所有的人脉和经验,自信满满地认为只需凭借自己的一腔孤勇,照样可以从0开始,只要自己足够勤奋和努力。

于是,他埋着头写,拼了命写。写长篇小说、写短篇故事、写书评影评、写人物传记,什么内容稿酬更高,他就写什么。但是他赚到钱了吗?

赚到了。在没日没夜地伏身写作后,他有了一点收入,但尴尬的是,那段时间比他在华为时还累。天天加班到深夜,收入远远不如从前。积蓄越来越少,人就忍不住开始慌乱。越慌乱,越没法选择。于是更慌,更无法选择,毫无指望地陷入了恶性循环。

后来,他终于逐渐意识到,最大的问题在于:现在的他像一叶浮萍,他刨掉了以前的根,却没能为自己筑起同样厚实的基石。

那么我们是怎样迎来转机的呢?

在2018年9月,他放弃了之前的坚持,蹭了老东家华为的热点,结合"狼性文化"写出了一篇创业反思文,结果全网爆火,我们凭借它,终于一脚踏进了新媒体行业的大门。

这段经历带给我俩的教训是：别轻易和过去的自己割裂，这是最大的犯傻。

哪怕你跨入的是全新的行业，你过往的经历、背景、思维方式、曾经的人脉关系，一定一定，都有可以借鉴、迁移的地方。

能借势，就借势。不能借，就造势。

真正成熟的人，不要做从 0 开始的事。

二、像一个职场新人那样，尊重你的新位置

到今天，我们做内容创业已经七年。做内容跟做其他实体产品最大的区别在于：它是一个非标品。你要不断产出不同的内容，在满足用户需求的同时，还要确保他们不会审美疲劳。同时，你还得不断更新，否则互联网上到处都是诱惑，用户转头就投入别人的怀抱了，不带一丝犹豫。

可是，我俩一开始哪里懂这些，当然爱怎么写就怎么写，爱什么时候写就什么时候写。结果阅读数据惨淡，涨粉数量更是惨不忍睹。哪怕偶然爆了一条，都根本不知道它是怎么爆的，也自然无法复刻爆款。

做新媒体，数据就是生命线。你的内容好不好，是见仁见智的事，但是你的数据高不高，直接决定了账号的商

后 记

业价值。

认清这一点后,我们开始沉下心来认真研究头部账号,拆解平台为什么会给它们流量,并在笔记本上写满了拆解心得:

·这个平台的调性和偏好是什么?

·同行们都做了哪些爆款选题?哪些是我可以借鉴的?哪些是不适合的?

·他们的发布频率如何?都在几点发布?

·他们如何追热点?

·如何设计标题、开头、结尾?他们的内容有没有固定结构?

·他们的商业变现路径是怎样的?

……

一点点对标、一点点验证、一点点看着自己的数据慢慢变好,再不断迭代重复。在这个过程中,我们也从傲慢无知的新人,成长为越发熟练与沉稳的资深人士。我们开始清晰地意识到:你的每一次重新开始,都值得敬畏。

请记住:无论你打算做什么,无论你有多辉煌的过去,哪怕你仅仅只是在职场中调了一个岗位——在刚开始时,你都应该像一个职场新人一样,对你的新行业、新岗位充满尊重与敬畏。

如此,才能更快上道,更大程度地获得你想要的人生成长或商业结果。

三、做好远景规划，剔除不相干因素

焱公子曾给上海电力系统及江苏银行的员工都做过职业素养培训。在课堂上，我们设计了一道题，一道看起来挺务虚的填空题。

十年之后，我 _____。

大部分同学总是能很快写出他们的答案。比如：

十年之后，我在上市公司当老总。

十年之后，我在游艇上环游世界。

十年之后，我财富自由，天天在床上数钱玩。

答案基本上都跟名与利有关，大家都是笑嘻嘻地说出来的。

这当然没什么不对，但每每当我们说出设计原因后，同学们就会收敛笑意，沉默深思。

这道题的设计原因特别简单：你越能清晰地展望十年后自己期望成为怎样的人，那么你就越知道当下的自己应该怎么做，也就会更能接近那个想要的结果。

想当上市公司老总？首先，你要有一家公司。这家公司要经营到一定规模，有充足的利润空间，财务报表还要足够好看……而如果现在的你还只是一个基层职场人，家里又没

后 记

有矿，你应该如何迈出有效靠近目标的那一步？

我有个朋友，他今年 37 岁。他的目标是在 45 岁时赚够 10 亿，然后退休、享受生活。他本来是一位顶尖的企业培训师，但他比照着目标算了算，哪怕全年无歇，以他现在的上课频率，也远不可能在八年内实现目标。于是，他当机立断，转身去做直播带货，给自己每个月、每天、每场直播都设置销售的商品交易总额。

现在，他更是边自己干，边组建了公司，签约了一百多位主播。同时，他的老本行也没丢，不断给很多大企业做直播销售的咨询顾问。前一阵子他告诉我，他的业务开展得极好，多家合作公司的直播额都冲到了行业头部，有一家公司已出到 500 万的顾问费。

我并不能预测他最终能不能实现目标，但至少，他对自己有一份远景规划，并以终为始地倒推自己当下每天该做的事情。这会让他不再迷茫，也会帮助他自动剔除那些不相干的因素。

最后我想说的是，感谢你认真读完了《硬核突围》这本书。人生之路，永远不可能一帆风顺，请提前储备好成长的燃料，以持续的个人精进来应对这个不确定的时代。

如果生活没有对你温柔以待，希望你在面对每一个至暗时刻时，都有勇气与之抵抗到底，不惧不忧，始终懂得如何触底反弹。期待你能加我们的企业微信（Ygongzi2016），与

硬核突围

我们来信交流。

未来很美,一起前行。

你的朋友　水青衣

2024 年 3 月

硬核突围

HARD CORE BREAKTHROUGH

作者和他们的大咖朋友们

焱公子 水青衣 ◎ 著

82份诚意礼物免费获取

出品人手册

兑奖页

扫码加为微信好友
发送"彩蛋"领取

注:一个编码彩蛋对应一个盲盒,限领一次

锦鲤读者 好运连年!

元气圆子

生命教练式的女性创业导师，元气女性成长联盟创始人，家庭教育项目操盘手及导师。拥有5年沙龙工作经验，带领团队在全国落地千场沙龙。培养了首批"国家认证沙龙商业策划师"600名。以赋能女性IP打造小而美、高变现的个体美好商业为己任，已指导带教万名女性创业成长。

扫码获赠礼
5年实战精华、千场落地沙龙经验荟萃的《元气生命成长型沙龙公开课》课程视频

张家瑞

销讲成交培训师，帆书特聘"销讲成交顾问"。第五届"我是好讲师大赛"全国总冠军，畅销书《逻辑说服力》作者。专注销售演讲培训，旨在帮助创业者提高销售演讲能力，让老板可以讲得更好、产品卖得更好，实现开口就能吸粉、成交、扩大影响力。

扫码获赠礼
一套多行业都用得上的《一人对多人的销讲稿SOP（流程）》电子资料

联合出品人

联合出品人

李菁

菁凌研习社创始人，女性个人品牌商业顾问，畅销书作家。全网50万粉丝，微信生态20万用户，日更公众号"遇见李菁"9年，写出多篇10万阅读量的爆款文章，同时在同名视频号上也创作多条爆款短视频。已出版6本书，代表作《你的人生终将闪耀》获得沈从文文学奖。专注于女性高价值IP打造，已帮助上万名女性通过打造个人品牌，将热爱变成事业，过上了理想生活。

扫码获赠礼

一堂《李菁个人品牌创富升级》音频课程

刘甜风

C栈商业咨询创始人，商业IP全案陪跑顾问，浙江大学金融学硕士。15年管理咨询经验，擅长帮助个体创业者、企业老板打造个人IP。通过升级其私域的商业模式来打造高客单、标准化成交流程。独创《个体商业持续增长的钻石模型》《私域六脉神剑发售系统》提升个体创业与企业的利润。专注落地式陪跑服务和结果式交付。

扫码获赠礼

一套《个体创业破局课》课程视频资料和一套《私域持续获客sop(流程)》电子资料

Luna

高级精力管理教练，生命能量管理师，CEO 精力私教，《了不起的时间管理》《了不起的精力管理》作者，Luna 成长学院创始人，高级催眠师与疗愈师。深耕时间与精力管理 15 年，2019 年创立 Luna 成长学院，学员遍布世界四大洲，包括世界五百强的中高管和资产过亿的企业家。目前，已影响了数万名学员学会管理、提升精力。主营业务有线上课程、线下课程、CEO 精力私教课程，主要是帮助客户提升精力与生命能量，突破潜能。

扫码获赠礼

一份《精力管理秘笈》电子资料

李小月老师

小红书 MCN 机构创始人，朗景教育创始人，IP 打造导师。主营小红书获客培训和私教陪跑。

扫码获赠礼

一套《从 0 到 1 做小红书》全链路电子资料

联合出品人

联合出品人

爽姐

女性生命能量导师，菁凌研习社个人品牌商业顾问和首席增长顾问，爽姐研习社创始人。具有 20 余年线下实体店创业经历，又有 5 年线上个人品牌打造经验。专注个人成长、品牌建设、商业增长、副业变现和创业指导等领域。

扫码获赠礼

1. 一次一对一的"商业咨询"，30 分钟语音通话
2. 一套"爽姐好书共读专栏"音频

一伊

操盘过众多 IP 的线上线下大事件发售，业绩显著，广受好评。极其擅长通过发售式营销助力个人 IP 放大自身品牌势能，提升销售业绩。

扫码获赠礼

一套《发售增长兵法》电子资料

Ada 爱达

上海名校升学规划专家，爱达未来教育创始人，同济大学硕士，中国社科院博士，复旦大学繁星计划就业与发展指导师。近 20 年，整合身边教育资源，独创《三段九步升学规划法》，为孩子们量身定制升学规划方案，帮助了一万余名学员成功升学，为家长们解决升学难题。

扫码获赠礼

一份独创的、凝炼近 20 年经验的《名校升学三段九步法》3000 字电子资料

林小楷

元气联盟操盘手，主要负责业绩增长。在知识付费行业 3 年，极具发售操盘经验。擅长个人品牌、私域运营闭环搭建以及女性沙龙、亲子沙龙的品牌联动策划。

扫码获赠礼

一次一对一的"个人品牌闭环诊断"，60 分钟语音通话

联合出品人

联合出品人

钟双梅（舒杨）

规划教练，规划闭环合伙人，企业高级讲师，中科院心理咨询师。5年实体创业经历，从0-1打造管理团队。曾开过数家门店，积累了人生第1笔财富。希望帮助更多人找到自己喜欢且适合的副业，能帮助普通人打通变现卡点、构建商业模式、成为超级个体，创出属于自己的事业！

扫码获赠礼

一次一对一的"人生规划咨询"，60分钟语音通话，内容包括：人生规划 / 目标规划 / IP规划 / 创业规划等

汤维娜（颂德）

颂德九运文化公司创始人，瑞言能量学苑高级资深合伙人。专注国学易经的研习、传播、咨询以及销售演讲指导，带教创业者们学会把话讲出来，把钱收进来。

扫码获赠礼

一次一对一的咨询，30分钟语音通话，内容：助您找到您的天赋才能和财富路径

李菲（倾城）

　　香港保险经纪人，经济学硕士，瑞言能量学苑合作人，高效演讲教练。主营香港身份办理、香港银行开户、香港留学择校海外信托、储蓄保险等。

扫码获赠礼 ————————————————

一门《儿童财商启蒙》课程

李乔芳

　　前500强企业大客户经理，顺流圈俱乐部主理人，财富流沙盘金牌教练，瑞言能量学院联合创始人。大二开始创业，拥有7年创业经历。主营销售演讲培训，旨在帮助创业老板提高销售演讲能力，让老板可以讲得更好，产品卖得更好，潜移默化的实现不销而销的价值成交。提高沙龙转化率，开口就能圈粉、成交、扩大影响力。

扫码获赠礼 ————————————————

一套各行业适用的"自我介绍精准圈粉"模板

联合出品人

联合出品人

王依媖（位羽）

连山易私塾传承弟子。"道德为本，元亨利贞。弘扬国学，造福社会。"深圳市天天天禧文化创始人。"让我们远离低维带来的伤害，未来活出你想要的禧悦人生！"深圳市享益志愿服务协会"让爱回家"志愿者。

扫码获赠礼

一张 2024 全年 365 天的走势解析图
（让古老的连山易智慧为您的每一天保驾护航！）

红叶

中医健康管理师，体重控制管理师，国企上市公司退休品质管理工程师，益百分"天天艾.中华养生传播达人"，菁凌女性社群合伙人。主要帮助客户做私人营养食谱定制以及分享"如何提高免疫力"的方法与经验。

扫码获赠礼

一套《少儿推拿治疗手法》电子资料和一份"中医舌诊主证表"

联合出品人

馨月

　　高级公共营养师，健康营养教练，刘爽心灵驿站成长商学苑营养学签约讲师。拥有 17 年高级公共营养师及健康营养教练工作经历。主营业务包括"21 天健康养成计划训练营"、私人营养食谱定制，以及做家庭的健康营养顾问。

扫码获赠礼

1. 一次一对一的"健康饮食评估咨询"，30 分钟语音通话
2. 三节《家庭健康营养学知识》音频课程

孙中伟

　　青少年升学规划师，快乐学习专家，剑桥大学教育学哲学硕士、伦敦大学皇家霍洛威与贝德福德新学院电影与电视制作文学硕士。孩子们的"大哥哥"，爱玩、会玩的"学霸"和"人生冒险家"。主营业务包括：提供 2~9 岁孩子的"求知欲和学习兴趣激活"服务；提供 10~18 岁孩子以兴趣爱好为导向的升学规划服务、国际化背景提升服务。

扫码获赠礼

一份《"一学就会、适用于 0~18 岁全年龄段"的剑桥大学申请秘笈》电子资料

联合出品人

周周老师

　　IP 创业导师,具有 10 年线上创业、6 年自媒体经历,专研家居品牌商业和家居品牌博主的 IP 打造,方法落地。主张"左手事业,右手生活",开设有"家居 IP 实战营",用户为家居博主或品牌方。主营业务包括:家居 IP 的一对一咨询、希望全域发展的家居 IP 私教服务。

扫码获赠礼

一份《家居 IP 流量增长指南》和一份《电商直播必备四件套》电子资料

恩秀博士

　　文案营销教练,"归心创富文案"创始人。创办文案训练营,帮助学员通过私域变现。传播有温度的商业,帮助学员回归本心做商业,回归真正的价值主义。特别擅长拆解爆款文案、撰写高转化文案以及激发超级 IP 愿力。

扫码获赠礼

一份《高价值朋友圈精选合集》和一份《爆款文案拆解》电子资料

超级奶爸小郑

　　财富管理行业深耕者，7 岁女儿的超级奶爸。研究生毕业后在财富管理行业深耕，从事客户的金融服务。专注于客户财富管理咨询和规划，擅长大类资产配置，提供持续的优化建议。同时，也是亲子教育领域研究者，立志用一生学习做好一名父亲。

扫码获赠礼

一份《我的财富管理咨询心得 20 条》电子资料

邓舒方

　　心营销咨询创始人，私域发售操盘手，招商操盘手，生命成长智慧探索者。深耕营销业绩增长与沟通赋能，专注为创始人解决营销增长问题，尤其擅长用有温度的沟通方式，与用户深度连接，指导其打造公私域高效转化路径，实现营收自增长飞轮。

扫码获赠礼

一份《七个高转化心营销成交秘籍》和一份《开心开智慧》电子资料

联合出品人

联合出品人

光明姐姐

三级心理咨询师，高级家庭教育指导师，高级婚姻情感咨询师，55岁热爱生活的中女，社会大学的"博士"，退休前是国际旅游定制师，曾游历33个国家，人生故事励志动人。擅长情绪疗愈、与人连接沟通，退休后已陪伴100余个家庭建立和谐美好家庭关系。可进入学校和社区开展家庭教育沙龙或讲座，做特色与深度的团体陪伴。个案咨询达198个小时，咨询内容包含情绪陪伴、潜能开发、婚姻家庭关系疏导等。

扫码获赠礼

1. 一次一对一的"家庭关系诊断咨询"，60分钟语音通话
2. 一堂《如何建立美好关系》的音频课程
3. 一堂与剑桥学霸孙中伟老师联手录播的《看见自己，活出生命》分享课视频

萍萍

终身学习者，家庭美容健康顾问，两个孩子的妈妈，连续十年成功创业的创业者。通过科学的内调外养，让自己比同龄人"逆生长"了5~10岁，成为"自己家庭健康和外在形象的掌门人"。专注于科学的内调外养全身保养服务（每天早晚只需花10~15分钟就能比同龄人"逆生长"5~10岁），助力普通人都能成为"自己的家庭健康和外在形象掌门人"。

扫码获赠礼

一份《如何内外兼修拥有年轻态的全面抗老方案》电子资料

徐惠珠

　　情绪疏导解压师，高级能量疗愈师，关系科学排列师。专注一对一深度清理关系和情绪的卡点，尤其擅长疗愈解压。帮助企业主、高管、超级个体以更足的心力，收获关系和谐、家庭幸福，能轻松创造价值。已拥有500多个个案指导经验。

扫码获赠礼 ————

一次一对一的"个案咨询"，60分钟语音通话，内容包括事业或关系的深度卡点清理

雷扬

　　心力荟主理人。曾任中国文化产业30强、文旅品牌50强国企集团高管和监事会主席，指导旗下公司成功上市。具有30年军旅、司法、管委会、企业的工作经历，专注深研成事背后的心力提升。已完成一对一的个案咨询400多个小时。主营业务有"心力进化与创业转型陪跑营"和个人心力教练课程。指导客户实现个人转型、成为心力教练，从而支持更多人或组织由心开始改变命运。

扫码获赠礼 ————

1. 一次一对一咨询，60分钟语音通话
2. 一套《心力成长模型》电子资料包

联合出品人

联合出品人

周靖博

CEO 演讲教练，擅长为 CEO 和个人 IP 提升影响力。2021 年至今，4 年来专注于帮助学员深入拆解演讲底层逻辑，指导学员通过演讲，成功塑造个人魅力。主营业务有"一站式演讲陪跑"，主要为企业主、个人 IP、创业者搭建演讲体系：从演讲内容的构思到舞台表现的提升，从 0 到 1 建立起独特的演讲风格。深入剖析学员的个体特点和需求，全方位指导，为每个人量身定制独特内容，帮助他们在公众面前留下深刻印象。

扫码获赠礼

1. 一次一对一的"演讲技巧咨询"，60 分钟语音通话
2. 一套《打造影响力的演讲秘笈》电子资料包

王春天

春天陪跑营主理人，小红书博主。深耕互联网行业 14 年，尤其擅长小红书商业 IP 打造。2018 年开始自媒体写作变现，深谙爆款底层逻辑，单篇笔记播放量超过 2800 万。专注指导线下实体店、工厂、企业、创业者和线上个人 IP 全面布局小红书产品体系，提升公域平台影响力。有小红书商业 IP 陪跑服务，指导客户从 0 到 1 起号，在小红书扩大影响力。通过故事写作，为每个 IP、创业者打造一篇独具特色的个人品牌故事。

扫码获赠礼

1. 一次一对一的"小红书商业咨询"，60 分钟语音通话
2. 一套《从 0 到 1 做小红书》电子资料包

联合出品人

席嘉翎

半梦海豚心理疗愈创始人，应用心理学博士，国家二级心理咨询师，美国 NGH 催眠师，国际 NLP 执行师。具有 15 年心理咨询学习及实战经验，专注解决少儿心理、亲子关系、亲密关系、职场关系及职涯规划等问题。极其擅长通过一对咨询来处理个人卡点，帮助客户提升内在价值，快速成长。开设有一对一心理咨询师培养课程，实战督导，让学员快速拥有专业技能并获得专业证书，助力其实现华丽转型。

扫码获赠礼
一次一对一的"心理咨询"，60 分钟语音通话或视频通话

苹果老师

法国 BBS 应用心理学博士（在读），中国人生科学学会心理学专业委员会专家委员，苹果绘画心理学院创始人，高端女性私人疗愈顾问。深耕教育和心理学 24 年，原创 365 种绘画心理疗愈方式。大学老师辞职创业，拥有 300 平米美学疗愈空间。擅长从 0 开始，简单快速孵化绘画心理疗愈师。同时，帮助资深的教育和心理赛道从业者，通过绘画疗愈、提升心力，从而引流转化，转动财富闭环！

扫码获赠礼
一套《绘画疗愈初级营》系列视频课程（8 节）

联合出品人

少丽

国家二级心理咨询师，华东师范大学教育学硕士研究生，育儿成长创富导师，精歆教育联盟创始人，80后二胎宝妈。深耕儿童心理、家庭教育15年，连续十年撰写《育儿成长记》500余篇，支持妈妈轻松育儿，收获养育自信。自创情绪陪伴师学习成长体系，从0到1孵化情绪陪伴师。连续创业5年，擅长商业表达与内在激发，专注打造教育养成系IP，支持与帮助教育、心理、育儿等赛道的创业者收获左手教育，右手商业的富足人生。

扫码获赠礼

一份手写12800字的《少丽育儿创富十大核心秘笈》和时长120分钟的12节《亲子情商系列课》音频课程

卢小九

00后，营销文案教练，企业私域发售教练，玖悦青禾咨询创始人，已连续创业3年。擅长通过文案辅导创业者打造个人品牌，拥有帮助众多企业进行私域发售的实战经验。专注线上内容创作，帮助创业者实现轻资产创业。让你在变得越来越贵的同时还能活得内外富足。

扫码获赠礼

一门《私域营销文案变现大课》的视频课程和6节《发光文案大课》的音频课程

掌柜叮当

女性极简商业顾问,"姐姐不上班"创始人。擅长打造品牌的稀缺差异化,与"江小白""一点点"两个品牌的商业顾问共事项目,曾帮助满记甜品创始人搭建新品牌商业体系。专注女性极简创业,帮助女性创业者打造稀缺差异化的个人品牌,助力其升级商业模式,从而变得更贵,过上迷你退休的人生。

扫码获赠礼

一套《帮你变得更贵的女性创业秘籍》拆解课视频

李婕

资深企业品牌营销顾问,历任多家跨境电商行业头部企业品牌总监,DISC+ 社群联合创始人,电子工业出版社博文视点金牌领读人,《中国培训》杂志封面人物,畅销书籍《破局》合著作者。专注咨询答疑服务,咨询内容包括企业品牌打造与升级、创业者个人品牌影响力打造、品牌营销人职业发展困惑辅导。

扫码获赠礼

一次一对一的"品牌相关问题"答疑,30 分钟语音通话

联合出品人

联合出品人

徐小仙

　　90后出书陪跑教练,"10倍好出书"研习社创始人,前世界500强企业高级经理,法国海归商科硕士。善于挖掘作者潜力和特色,专注帮助新人打造自己的第一本书,指导学员找到适合的选题与定位,陪伴学员充分打磨目录与大纲。一年时间陪跑35位IP打造出自己的代表作。学员中有全网40万粉丝的健身博主、把女儿培养进哈佛大学的企业家爸爸、北大哲学博士等。目前,把对写作的热爱做成了欢喜的事业,研发出了自己的版权登记课《出书天龙八部课程》。

扫码获赠礼
一堂《素人如何打造人生第一本书》的音频课

慕丹

　　元气联盟操盘手,百城沙龙落地的执行人元气沙龙美学导师,女性IP社群主理人。用美学赋能个人IP,聚焦沙龙商业操盘。

扫码获赠礼
一份各行业都能用得上的《线上沙龙拆解稿》

邬咏梅

资深税务人，曾在税局、世界500强的罗氏制药、巴斯夫、百事等企业以及事务所工作超25年。多家民企与外企的首席税务顾问，上财学院校友会秘书长，认证领导力教练。专注企业的股权架构设计、规划，为企业长远发展保驾护航、稳健增收。

扫码获赠礼

10本财经电子书和一次一对一的"税务咨询"，90分钟语音通话，内容包括个税或企业税务等问题

林春亮

私域商业顾问，在喜马拉雅平台主讲《财商与投资》，拥有21.1万粉丝。通过私域带货，在一年多时间里打造了一支400人的团队，获得会员1.5万名。擅长用个人故事打造个人品牌，自己的个人故事短视频获9万播放量。曾帮助一名抖音主播，通过撰写朋友圈系列故事收获1000次点赞。所在私域MCN公司，致力于帮助创业者成为私域超级IP，公司拥有完整的KOL孵化模型：从线上小店主到30人群团队长再到超级流量操盘手。

扫码获赠礼

一份《如何用系列故事引爆朋友圈的秘笈》电子资料

联合出品人

联合出品人

景红

公共营养师，健康管理师，天赋解读师，家庭教育指导师，心理咨询师。专注儿童的营养、过敏和肠道健康问题。主营业务包括运用功能医学 5R 疗法调理过敏，结合心理学工具实现身心同调，从根本上改善健康问题。拥有功能学各种检测（慢性食物过敏、肠道菌群、重金属）渠道资源。

扫码获赠礼

一份精准营养饮食定制方案和一次一对一的天赋解读，30 分钟语音通话

易兴

"三十万个大学生"品牌创始人，品牌年轻化顾问，大学生成长教练，国内多所高校特聘创新创业导师。主营业务包括校园私域运营、校园大使体系构建、校企合作模式搭建与运营。

扫码获赠礼

1. 一次企业品牌主专属的一对一咨询，内容为"品牌校园大使搭建"，60 分钟语音通话
2. 一次大学生专属的一对一咨询，内容为"职业规划及创业梳理"，60 分钟语音通话

陈光哲

　　瑜伽师,瑜伽社群"清晨之光"创始人。连续早起3200多天教习瑜伽,得到《温州晚报》专题报道,以及登上浙江卫视生活栏目。专注在线上带教瑜伽,通过短视频和直播,分享瑜伽技巧,学员学习后体态挺拔、体型饱满,减少慢性疼痛。同时,也在线上打造个人IP,一条个人品牌故事短视频获10万播放量。

扫码获赠礼

1. 一套《七轮瑜伽之美丽塑形记》30天跟练视频
2. 一份《爆款短视频制作方法》电子资料

虞苏苏

　　抗衰科技公司CEO,福布斯创新企业家,主营业务包括护肤品和保健品头部原料供应商及代工厂、大健康垂类电商mcn。

扫码获赠礼

大健康IP高业绩运营支持和供应链支持

联合出品人

联合出品人

邱予馨

　　独立珠宝设计师及珠宝鉴定师，觅棠珠宝设计有限公司创始人，俊意钻盟珠宝设计总监。所在公司是一家集设计加工、私人定制、展览销售于一身的专业珠宝企业。产品主要包括高品质的钻石、红蓝宝石、翡翠等贵重宝石的镶嵌珠宝。凭借自己在珠宝行业深厚功底和对国际私人定制时尚的悉人研究，提出了"打造有温度的球宝"的公司愿景，用心打造具有温度及传承价值的珠宝。

扫码获赠礼

一份精美饰品

喜脉

　　视觉营销发起人、公益字体"喜脉体"作者、探火（深圳）品牌策划创始人。专注超级个体 IP 形象策划设计、企业视觉营销系统搭建，以视觉赋万物。

扫码获赠礼

一份打造超级 IP 都需要的秘笈《拍照宝典》和一份《吸心标题》电子资料

红娘老师

　　高端私域发售教练,多家企业发售顾问,专注产品发售,让你卖一次顶一年。7年来帮助众多创始人、超级IP、团队长、实体店老板用发售轻松提升业绩,喜乐生活。

扫码获赠礼

一份发售小白也能上手即看即用的《发售实战手册》电子资料

雅云

　　松柏智慧品牌咨询合伙人。松柏智慧是一家全球品牌咨询公司,以独创的"松柏七力模型"为理论根基,为企业提供品牌策划服务,包括且不限于企业战略、营销策略等。目前已成功指导上百家亿级品牌,服务案例有大公鸡管家、酒仙网、君乐宝、光明乳业、ONEFULL、杨先生、王的手创等。

扫码获赠礼

一次"松柏智慧品牌专家团品牌义诊"服务,30分钟

联合出品人

联合出品人

李旭坤

云南百轮佳创始人，私域实战与轮胎专家。创业 12 年，0 面销月售 2 万条轮胎。专注于通过短视频及直播引流，以精准私域转化实战策略赋能实体创业者，助力提升盈利效率和业务增长，立志成为实体创业者在流量和私域转化方面信任的专家，实现经营效益实质提升并提供落地实操的全链路解决方案。

扫码获赠礼

1. 一套《21 天学会实战私域，从新人到专家》课程视频
2. 一份《致未来创业者：从编程到实体创业企业家到私域老师》创业教程电子资料

Mark

创始人演讲顾问，中国科大 MBA 商业路演导师，ABS 故事模型创始人，多家上市公司创始人的私人演讲顾问。尤其擅长用故事思维赋能商业影响力，原创课程《新商业演讲·实现身价百倍增长》广受好评。

扫码获赠礼

一份《新商业演讲老板必备 100 条》PPT

张万君（AINY）

　　气质形体专业导师，中尚超媒时尚学院主理人，曾荣获国际职业模特大赛全国冠军，担任国际国内少儿、成人大赛导演及评委。目前专注全龄段气质形场形体的提升，从事模特培训一线教学工作 13 年，培养了上百名优秀的模特形体导师和上千名专业的模特培训教师。指导的学生不仅在国际国内时装周崭露头角，更考入了国内服装表演专业知名院校。曾为企业、院校等提供过专业的形象气质培训服务，为提升工作及就业综合形象气质赋能软实力。

扫码获赠礼

一次一对一的"形体体态咨询"，60 分钟语音通话

英语番茄老师

　　雅思高级讲师，KET 先锋讲师，留学机构联合创始人，十余年一线教学经验，全网学员数 10 万。主营业务包括 KET 线上训练营，针对小学学员小班教学，目前保持 100% 的通过率；雅思线上训练营，针对留学和白领学员英文能力，已助力上百位学员实现短期提分；英文线上顾问班，针对有自学能力的学员，进行英语备考方案定制及监督执行；英文线上私教班，针对英语零基础学员，进行学习方案定制、授课及陪练。

扫码获赠礼

一份《KET 学习 100 问》电子资料

联合出品人

联合出品人

华姐聊智慧人生

　　投资人、品牌联合创始人、品牌 CMO、广东省制造业女企联合会副会长、广州市家庭建设协会执行秘书长、世界夫人全球慈善大使。在人生每个阶段都在做自己喜欢做的事情，活出蓬勃生命力：曾经是名校学霸、年薪百万职业经理人，后来是亲自带三个孩子的全职妈妈。现在，孩子或进入大厂，或就读 QS 排名前 30 大学。主营业务包括为 40 岁人群定制的科学健康团队服务，为 20 岁人群定制的国际婚恋服务团队服务，助你开启幸福密码。

扫码获赠礼

一套《做从容的父母》电子资料

麦叔

　　CEO 商业演讲教练，个人及企业品牌商业顾问，资深媒体人，全国播音主持金话筒（提名）。具有 20 年品牌营销经验，是世界服装 500 强企业定制品牌首席商业顾问。指导多位讲者登上 Tedx 及剽悍江湖"超级影响者大会"舞台，连续三届带教出"剽悍行动营"演讲冠军。主营业务为 IP 高定服务：品牌故事及拍摄脚本、Slogan 提纯以及商业演说高定、指导短视频 IP 定位和镜头表现力提升。

扫码获赠礼

一份《公开演说的逻辑和心法》和一份《一句顶一百句的 Slogan 就这么写》电子资料

杨禧

　　普洱茶制茶人，滇山茗品茶业创始人。专注于为普洱茶资深茶友们开发云南小众山头茶叶，致力打造自有地块生态茶的全供应链。普洱茶主打物美价廉。

扫码获赠礼

一份普洱茶精美茶样和一份《普洱茶挑选指南》电子资料

谷燕燕

　　畅销书《逆势爆发》作者，AI 在人力资源领域应用讲师。专注于 HR 个人品牌打造与 AI 在职场的应用，已经推动 10000+HR 用 AI 提升效率，倍增价值。

扫码获赠礼

一套《如何用 AI 打造个人品牌》的视频课程

唐琨

　　中小企业人力资源全案顾问，国家一级人力资源管理师。具有 17 年人力资源运营经历，服务过多家国企、上市公司和民营企业。擅长为初创型企业从 0 到 1 搭建团队以及流程再造、组织变革与绩效改进，能成功助力中小企业实现业绩倍增。

扫码获赠礼

一份《中小企业绩效落地案例合集》电子资料

联合出品人

联合出品人

林晓丽

　　IP操盘手，写作爱好者，高级儿童阅读指导师。全职妈妈线上创业，专注帮助IP操盘项目。在线上做创业辅助，在线下做创业沙龙主理人。通过在商业中打开生命力，重新追逐梦想，实现自己的出书愿望。

扫码获赠礼
一套写作变现与国学经典赋能课程的视频资料（8节课）

陈璐

　　直播营销教练，《冲上顶峰》合著作者，一璐有媛·愈见成长社创始人。专注陪伴女性身心成长，助力创业有诉求的女性通过直播和私域营销等方式取得高业绩。主营业务包括：视频号直播高成交课，帮助普通人打造私域营销闭环；全国城市沙龙合伙人招募，通过线下沙龙方式，帮助用户提升营销转化力，实现共创共赢。

扫码获赠礼
一份《小白上手即用的185个沙龙主题》和三份《新手也能直播两小时的逐字稿》电子资料

黄胖紫

营销顾问，10年自媒体经验。特别擅长全域获客，在公域能通过模板化内容轻松获客，在私域能通过社群与朋友圈销讲，打造高转化私域IP。主营业务包括：为中小企业、超级个体设计简单易上手的自媒体内容，高效精准获客，以及提供完整的"把每一个流量变为留量"的私域沉淀转化系统，大幅提升转化率与复购率。有一整套可复制、易操作的系统陪跑普通人，手把手带出业绩。

扫码获赠礼

一份《中小企业与超级个体打造自媒体必看的10个常见误区及解密》和一份《普通人轻创业要掌握的10条避坑指南》电子资料

媛媛姐

私域营销顾问，《冲上顶峰》作者，一璐有媛·愈见成长社创始人。帮助女性通过私域放大影响力，通过朋友圈打造个人IP。专注线上营销陪跑，赋能学员提升财商，实现业绩高增长。深耕线下女性沙龙，手把手带教，打造去中心化社交圈，助力品牌方、创业者、超级个体通过举办沙龙，传播业务合作共赢。目前，已在全国7大城市同步开展女性线下沙龙。

扫码获赠礼

1. 一对一的"朋友圈高转化实战咨询"一次，40分钟语通话
2. 一璐有媛全国城市沙龙参与名额1个

联合出品人

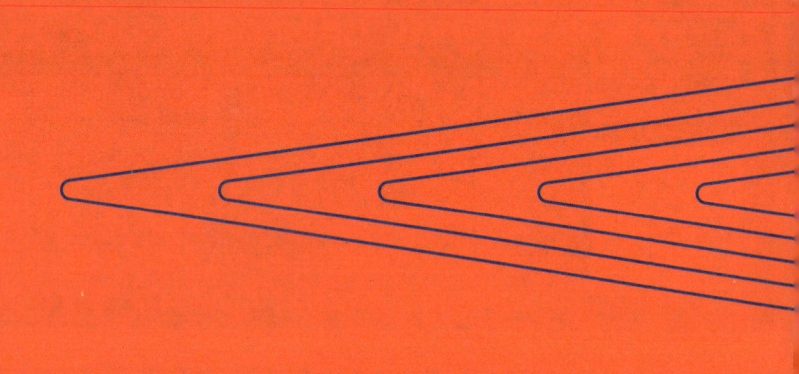

焱公子 ｜ 《硬核突围》作者

欢迎企事业单位邀约AIGC的职场内训
如何应用AI 10倍提升办公效能，每天少工作3小时？
欢迎超级个体参加AIGC实战营
如何应用AI批量生产爆款内容？

附册权益最终解释权归焱公子团队所有